Tous nos remerciements à Monsieur Thierry Arnould,
violoniste, guitariste et compositeur,
pour ses précieux conseils.

MDS : 196198N1
ISBN 978-2-215-16085-4

Dépôt légal à la date de parution.
Conforme à la loi n° 49-956 du 16 juillet 1949
sur les publications destinées à la jeunesse.
Imprimé en Italie (07/18).

L'imagerie de la musique

Conception :
Émilie Beaumont

Textes :
Marie-Renée Guilloret

Illustrations :
Leaf Illustration : Erika De Giglio,
Richolly Rosazza, Alessandra Maggioni
M.I.A. : Raffaella Ligi

FLEURUS

FLEURUS ÉDITIONS, 57, rue Gaston Tessier, 75019 PARIS
www.fleuruseditions.com

LES SONS ET LA VOIX

COMMENT PRODUIRE UN SON ?

Pour être silencieux, il faut arrêter de bouger. Dès que l'on bouge, on fait naître des sons. Le son, c'est de l'air en mouvement.

Si on lance un caillou dans l'eau, des ronds de plus en plus larges se forment autour de l'endroit où il est tombé : on a créé des « ondes ». Quand on chasse l'air en soufflant, quand on attire l'air en inspirant, on crée des ondes invisibles dans l'air et on fait naître un son.

Dans l'espace, c'est le grand silence : il n'y a pas d'air, donc le son n'existe pas. Les astronautes communiquent par radio.

Quand on fait vibrer une règle ou un élastique, l'air qui est autour s'agite et l'on entend une musique... Comme lorsqu'on souffle dans une bouteille et qu'on bouscule l'air qu'elle contient !

La bouteille est pleine d'air. Si on souffle dedans, on fait vibrer l'air et on produit un son.

Si on serre un élastique entre ses dents, qu'on le tend et qu'on appuie dessus, la vibration produit un son de guitare.

Voici un autre jeu : on pose l'extrémité d'une règle en plastique sur le bord d'une table. Elle doit être maintenue fermement d'une main. Avec l'autre main, on appuie sur l'autre extrémité, puis on la relâche : la règle « vibre ». Quand la vibration s'arrête, le son s'arrête aussi.

DEUX OREILLES POUR ENTENDRE

Le pavillon, c'est le nom de la partie visible de nos oreilles. Il capte les ondes des sons et les dirige vers le petit trou de l'oreille.

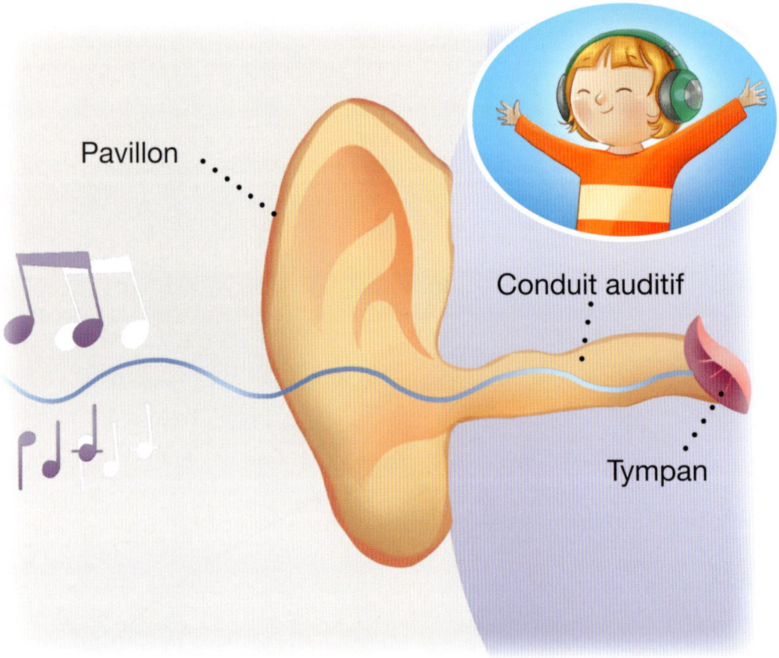

Les vibrations arrivent sur le pavillon de l'oreille et passent dans le conduit auditif. Elles frappent ensuite le tympan, une peau très fine mais solide tendue en travers du conduit. Attention aux sons trop forts, surtout s'ils sont écoutés avec un casque : ils peuvent abîmer le tympan et on entend alors de moins en moins bien !

Notre mémoire enregistre beaucoup de sons. Par exemple, nous reconnaissons le bruit d'un avion qui passe au-dessus de nos têtes sans avoir besoin de regarder le ciel. Et, même si l'avion fait beaucoup de bruit, nous pouvons continuer à jouer sans avoir peur.

SON FORT OU SON FAIBLE ?

L'oreille ne supporte pas les sons trop forts. D'ailleurs, nous avons le réflexe de nous boucher les oreilles pour protéger nos tympans.

Lors de ce concert, le son de la musique est très élevé. Le bébé porte un casque anti-bruit pour préserver ses tympans. D'autres parents ont prévu des bouchons d'oreilles pour leur enfant.

Observe les images ci-dessous et imagine les sons produits. Range les sons du plus faible au plus fort.

① Le galop d'un cheval

② Le vol d'un oiseau

③ Le décollage d'un avion

④ Un train qui roule

⑤ Le moteur d'un aspirateur

⑥ Le bourdonnement d'un moustique

Réponses : 2 – 6 – 1 – 5 – 4 – 3

DES SONS QUI RÉSONNENT

Le son obtenu en tapant sur un objet sera différent selon la force du geste : il sera plus ou moins fort, durera plus ou moins longtemps.

Une grande personne confie à chaque joueur un verre ou un couvercle. Le premier joueur fait rebondir légèrement sa cuillère ou sa fourchette sur le verre ou sur le couvercle. Le second joueur écoute… et attend que le son cesse de résonner pour frapper à son tour.

Chaque joueur dispose d'un couvercle et d'une fourchette. Le premier joueur donne un coup léger, moyen ou fort. Le second joueur, quand le son s'arrête, doit frapper sur son couvercle de la même façon. Par exemple, s'il a entendu un son fort, lui aussi frappe fort.

DES SONS GRAVES ET DES SONS AIGUS

Les sons ont des hauteurs différentes. Parfois, ils sont graves, comme le rugissement d'un lion. Parfois, ils sont aigus, comme le cri d'un bébé.

On remplit des bouteilles de verre avec de l'eau à des hauteurs différentes. On constate que la bouteille presque vide produit le son le plus aigu et la bouteille presque pleine, le son le plus grave. On bande les yeux d'un joueur, puis on change l'ordre des bouteilles. Celui qui a les yeux bandés doit ranger les bouteilles dans l'ordre, du son le plus aigu au son le plus grave.

Le ronronnement du chat

Le son du sifflet

Le cui-cui d'un oiseau

Le rugissement du lion

Le son d'une flûte

Le bruit d'une tondeuse.

Observe les images et imagine les sons produits. Tu peux aussi tenter de les imiter. Indique s'il s'agit de sons plutôt graves ou plutôt aigus.

LA VOIX ET LE SOUFFLE

Sans air, pas de sons, pas de voix, ni rires, ni cris, ni pleurs.
Imagine une cour de récréation absolument silencieuse...

Quand on souffle sur un pissenlit, l'air envoyé fait s'envoler les aigrettes.

Pour sentir un parfum, on inspire. Le nez se remplit d'air parfumé.

Expirer, c'est souffler, chasser l'air par le nez ou par la bouche. L'air chassé éteint les bougies. Sur le souffle, on peut prononcer longtemps un son, comme « ouh ». Au contraire, quand on inspire, on ne peut ni éteindre les bougies ni tenir un son !

D'OÙ VIENT LE SON DE NOTRE VOIX ?

Toutes les voix sont différentes, c'est pourquoi on reconnaît quelqu'un à sa voix sans le voir. En revanche, il est bien difficile d'imiter une voix.

La voix prend naissance dans une sorte d'entonnoir, le larynx, qui se trouve dans la gorge. Si on pose sa main sur sa gorge en chantant : « Mmm… » d'une voix grave, on sent un tremblement dans la gorge. Il est dû aux vibrations des cordes vocales.

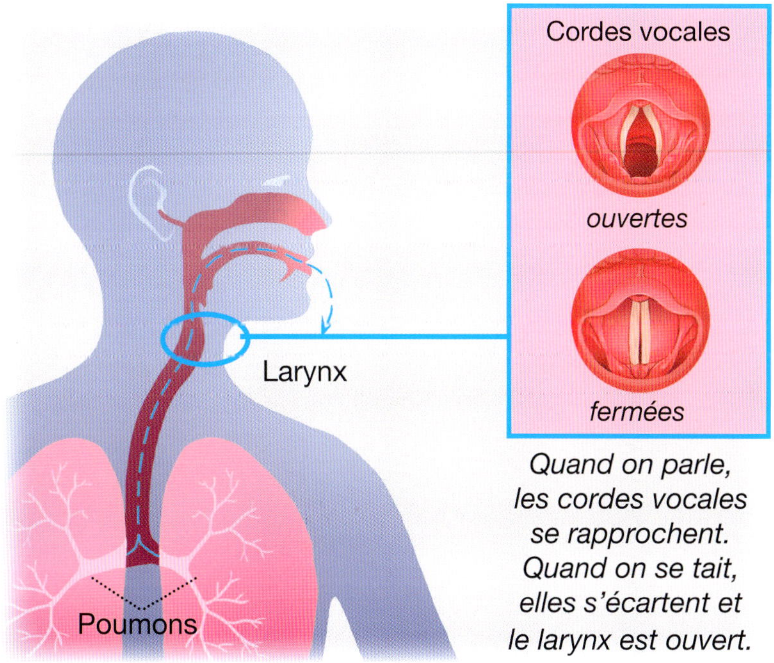

Quand on parle, les cordes vocales se rapprochent. Quand on se tait, elles s'écartent et le larynx est ouvert.

Les cordes vocales sont deux muscles qui se trouvent bien à l'abri dans le larynx. Lorsque l'on parle, les poumons chassent l'air vers le larynx. L'air presse les cordes vocales et les fait vibrer. Le son qui voyage vers la bouche et les lèvres, c'est le son de la voix.

POUR MIEUX CAPTER LE SON DE LA VOIX

Ces jeux simples permettent d'amplifier la voix. Pendant son voyage entre celui qui parle et celui qui écoute, la voix devient plus forte.

Jeu du cône en papier

Rouler une feuille de papier épais pour en faire un cône. Un joueur applique la pointe du cône contre son oreille. L'autre joueur parle d'une voix normale à faible distance de l'ouverture du cône. Celui qui écoute a l'impression d'entendre crier.

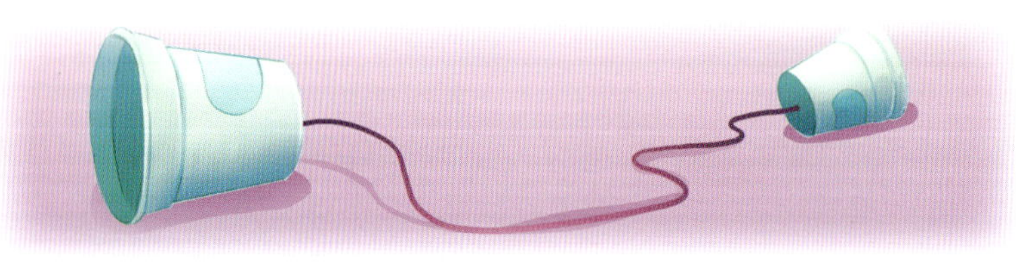

Jeu du téléphone

On perce un trou au fond de chaque pot de yaourt. On y passe la ficelle et on fait un gros nœud à chaque extrémité. Un joueur tient un pot contre son oreille. Le second joueur s'éloigne avec l'autre pot. La ficelle est tendue. Elle ne doit toucher aucun obstacle. Lorsqu'un joueur parle dans le pot, l'autre l'entend comme s'il était très proche !

LE TIMBRE DE LA VOIX

Quand on grandit, le timbre de la voix change. On peut ainsi faire la différence entre une voix de bébé, d'enfant ou d'adulte.

Au téléphone, on reconnaît celui qui appelle au son de sa voix.

Quand on est malade ou enrhumé, on n'a plus la même voix.

Joue à reconnaître les voix de tes amis

Un adulte répartit les joueurs en deux équipes séparées par un drap afin que les joueurs ne se voient pas. Lorsque l'adulte touche un joueur, celui-ci peut parler. Les enfants de l'autre équipe doivent le reconnaître à sa voix.

JOUER AVEC SA VOIX

Quand on joue avec sa voix, les oreilles travaillent. Avec les activités proposées ci-dessous, on peut exercer à la fois sa voix et ses oreilles.

Si on parle en se bouchant les oreilles, on ne reconnaît pas sa propre voix.

Quand on dit « bww », comme un bébé qui fait des bulles, les lèvres vibrent.

Quand on chante dans un verre, la voix résonne étrangement.

Quand on parle en se bouchant le nez, on a une voix de robot !

LA HAUTEUR DE LA VOIX

Une voix d'enfant est plutôt aiguë. Une voix de grand-père est plutôt grave. Mais chacun peut faire voyager sa voix de l'aigu au grave.

Pour imiter la sirène des pompiers, on chante « pin » sur un ton aigu et « pon » sur un ton plus grave.

La petite fille suit les gestes de sa maman : elle chante avec une voix aiguë quand la main est en haut.

Après avoir observé l'image, on peut prendre le temps d'imaginer et d'entendre dans sa tête quelle pourrait être la voix de chacun des personnages ci-dessus. Qui a la voix la plus grave ? Qui a la voix la plus aiguë ?

LA GYMNASTIQUE DU VISAGE

Quand on parle, les cordes vocales ne sont pas les seules à travailler. La langue, les lèvres, les mâchoires sont utiles pour articuler les mots.

Quand on prononce le son « o », on forme un rond avec les lèvres. Si on essaie ensuite de le prononcer en abaissant la mâchoire du bas, on remarque que le son est plus ouvert et que le « o » devient presque un « a ».

On peut s'amuser à se regarder dans un miroir pendant qu'on récite : « Mimi la souris mange du riz sur le tapis. » Quel mouvement font les mâchoires et les lèvres ? On peut recommencer en fermant les yeux et en étant attentif aux mouvements de la langue.

UN COURS DE CHANT

La voix ne sert pas qu'à parler. C'est aussi l'instrument des chanteurs et des chanteuses, qui doivent la travailler pour l'utiliser au mieux.

Afin que le son sorte bien, il faut que tout le corps soit détendu. Un cours de chant commence souvent par une séance de relaxation.

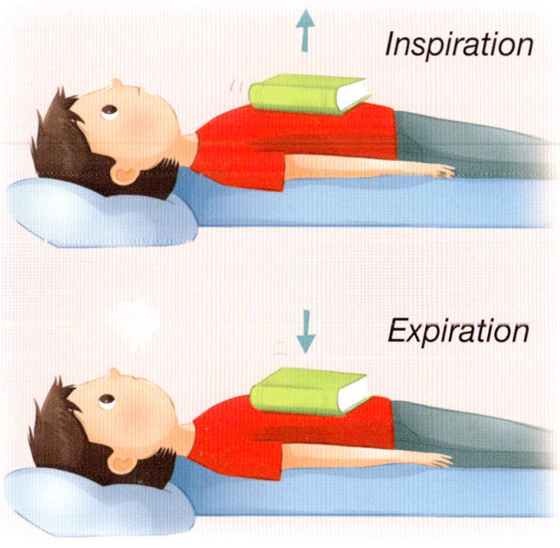

Pour chanter, il faut apprendre à bien respirer, avec le ventre. On peut s'entraîner en position couchée, un livre posé sur le ventre, et observer le livre se soulever à l'inspiration puis s'abaisser à l'expiration.

Le professeur de chant propose des exercices amusants que l'on peut refaire à la maison. Puis chacun se concentre pour produire de jolis sons tout en écoutant les autres.

On détend aussi les lèvres et la langue : on fait des grimaces et on essaie de toucher son nez ou son menton avec la langue.

Les apprentis chanteurs échauffent leur voix en faisant des vocalises : ils chantent une voyelle du plus grave au plus aigu et du plus aigu au plus grave. Ils travaillent leur souffle, par exemple en répétant plusieurs fois sans reprendre leur respiration : « Ma-ni-mi-ma-ni-mi-ma. »

ÉCRIRE LA MUSIQUE

ÉCRIRE LA MUSIQUE

Autrefois, la musique ne s'écrivait pas. Les musiciens se transmettaient oralement uniquement les airs et les rythmes qu'ils connaissaient.

Les compositeurs sont des musiciens qui inventent des musiques.

Ils notent des signes pour que les joueurs d'instrument retrouvent la hauteur des sons et leur durée, même s'ils n'ont jamais entendu la musique qui est écrite.

Au fil du temps, les musiciens inventent de nouveaux signes pour mieux se faire comprendre.

Les feuilles, les cahiers où sont écrits les signes musicaux s'appellent des partitions.

Compare la partition de cette page à celle de la page suivante.

La partition de gauche a été composée au XVe siècle. Les formes carrées dessinées sur quatre lignes sont des notes. Elles indiquent la hauteur des sons.

Un musicien russe, Tchaïkovski, a écrit cette partition
il y a plus de cent ans. Il a utilisé des signes qui n'existaient pas
encore à l'époque de la partition de la page précédente.

LA PETITE RIVIÈRE

Les notes sont arrondies : 

Certaines notes sont reliées par un trait : 

Certaines notes sont séparées par des barres : 

Voici des clés :  Voici un silence : 

Les pages suivantes vont permettre de découvrir la pulsation, les rythmes,
les notes, les clés, et d'apprendre à les reconnaître sur une partition.

LA PULSATION

La pulsation, c'est un battement régulier comme celui du cœur ou le tic-tac d'une horloge. Elle donne une cadence à la musique.

Le cœur envoie le sang dans des vaisseaux, les artères, qui le transportent. Si on pose les doigts sur son poignet, on sent de petits battements dans les artères quand le sang passe. Prendre son pouls, c'est compter ces battements, que l'on appelle les pulsations.

Déplace régulièrement ton doigt de gauche à droite sur l'image. Prononce « toc ! » chaque fois que ton doigt se pose sur un cœur. Ton doigt prend appui sur le cœur, puis il rebondit. La pulsation, c'est les « toc », là où la musique s'appuie pour rebondir.

Les musiciens qui jouent ensemble doivent respecter la pulsation. Pour cela, ils se concentrent et s'écoutent les uns les autres.

Quand on marche, le cœur bat lentement. Quand on court, on peut sentir que le cœur bat plus vite. Les battements de cœur sont plus rapprochés. En musique, c'est la même chose : deux pulsations peuvent être plus ou moins rapprochées.

La vitesse (ou le tempo) d'une musique dépend donc de la durée qui sépare deux pulsations. Souvent, on peut voir le musicien battre la pulsation de son pied, de sa main ou d'un hochement de tête. Dans un orchestre, les musiciens suivent le tempo indiqué par le chef.

LE RYTHME

Dans l'espace entre deux pulsations, on peut placer d'autres sons, qui peuvent être plus ou moins longs. On invente alors des rythmes.

La durée qui sépare deux pulsations s'appelle un temps.
Chaque battement, chaque pulsation marquent le début d'un temps.
Demande à un adulte de marquer la pulsation à l'aide d'un tambourin.
Pendant ce temps, frappe le rythme dans tes mains en suivant les images :

Pulsation :
tambourin

Rythme :
frappé de mains

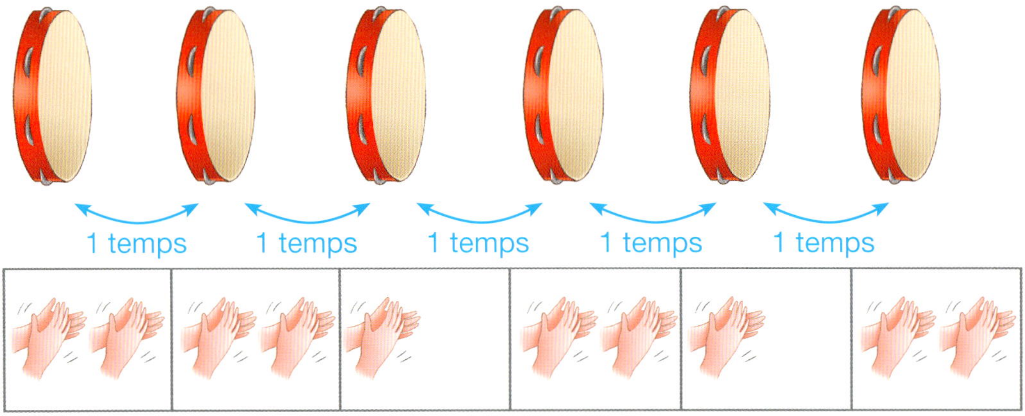

Puis recommence avec l'exercice ci-dessous :
le rythme est marqué par la danseuse et la pulsation par le clown.

Rythme :
Frappe des mains chaque fois que la danseuse sautille.

Pulsation :
L'adulte frappe sur un tambourin à chaque saut du clown.

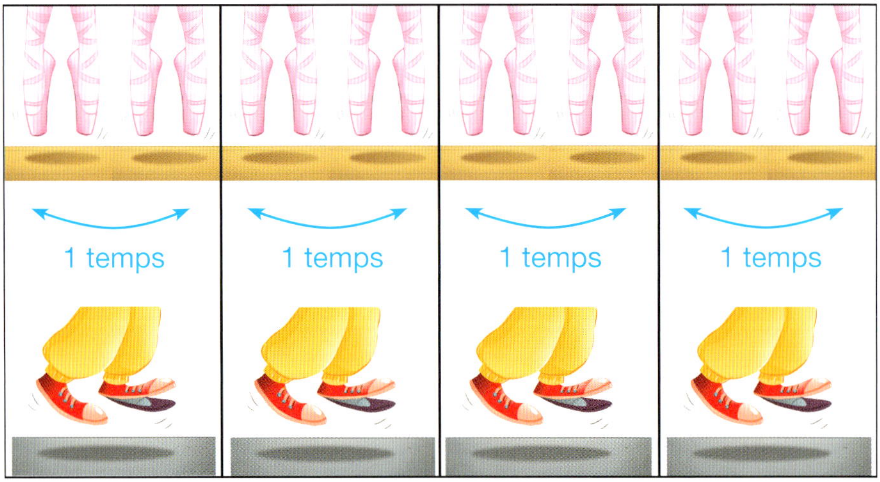

UNE POULE SUR UN MUR

Pendant qu'un adulte lit le texte, frappe la pulsation dans tes mains.
Puis recommence en frappant le rythme du tambourin.

Le frappé des mains marque la pulsation :

Une poule sur un mur

Qui picore du pain dur

Picoti Picota

Lève la queue et puis s'en va

Le tambourin marque le rythme :

U- ne pou- le sur un mur

Qui pi- co- re du pain dur

Pi- co- ti pi- co- ta

Lève la queue et puis s'en va

LES NOTES DE MUSIQUE

Ce sont des signes qui indiquent la hauteur et la durée d'un son. Ces signes sont composés d'une tête et parfois d'une queue. Dans la famille des notes de musique, il y a des rondes, des blanches, des noires, des croches. Pour savoir à quelle catégorie appartient une note, il faut se poser quatre questions :

Quelle est la forme de sa tête ?  Presque ronde ou ovale ?	Quelle est sa couleur ?  Noire ou blanche ?
A-t-elle une queue ? 	Y a-t-il un crochet à sa queue ? 

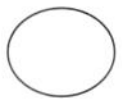	Si la note est presque ronde et n'a pas de queue : c'est une RONDE.
	Si la note est ovale, remplie de blanc, et si elle a une queue : c'est une BLANCHE.
	Si la note est ovale, remplie de noir, et si elle a une queue : c'est une NOIRE.
	Si la note est ovale, remplie de noir, et si elle a un crochet à sa queue : c'est une CROCHE.

LA DURÉE DES NOTES

Chaque figure de note (ronde, blanche, noire ou croche) correspond à une durée. La ronde prend tout son temps, la croche est pressée !

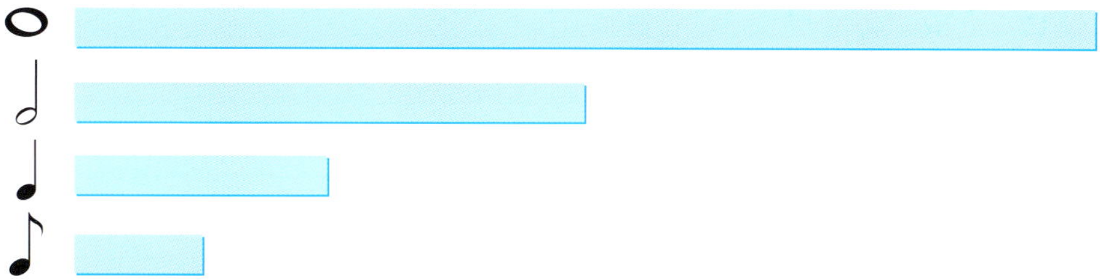

Fais glisser ton doigt sur chaque trait en tenant un son : « Ooo... ». Tu peux aussi découper des fils de laine et glisser ton doigt dessus. Commence à glisser ton doigt sur les traits quand une grande personne te donne le signal en frappant dans ses mains.

On dit que le son de la noire dure 1 temps.

On dit que le son de la blanche dure 2 temps.

On dit que le son de la ronde dure 4 temps.

Et la croche ? Le son de la croche ne résonne que sur la moitié d'un temps. Sur l'autre moitié, chut ! Fais silence.

QUELLE CHANSON SE CACHE SOUS CE RYTHME ?

Avec des noires et des blanches, on peut écrire un rythme. Frappe le rythme noté ci-dessous : c'est celui d'une comptine que tu connais.

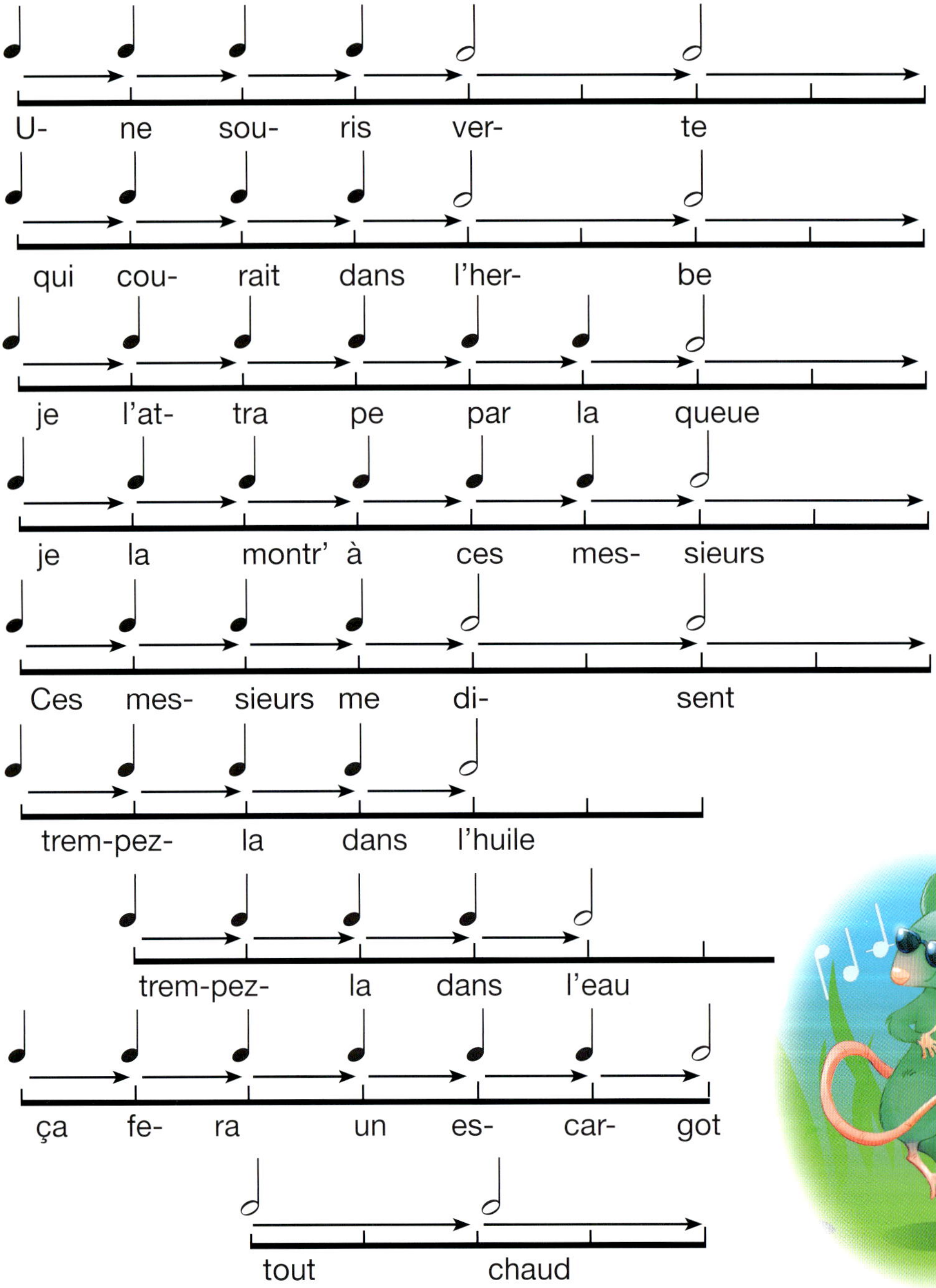

LA PORTÉE

La portée... porte tous les signes utilisés dans l'écriture de la musique.
La portée a cinq lignes comme la main a cinq doigts.

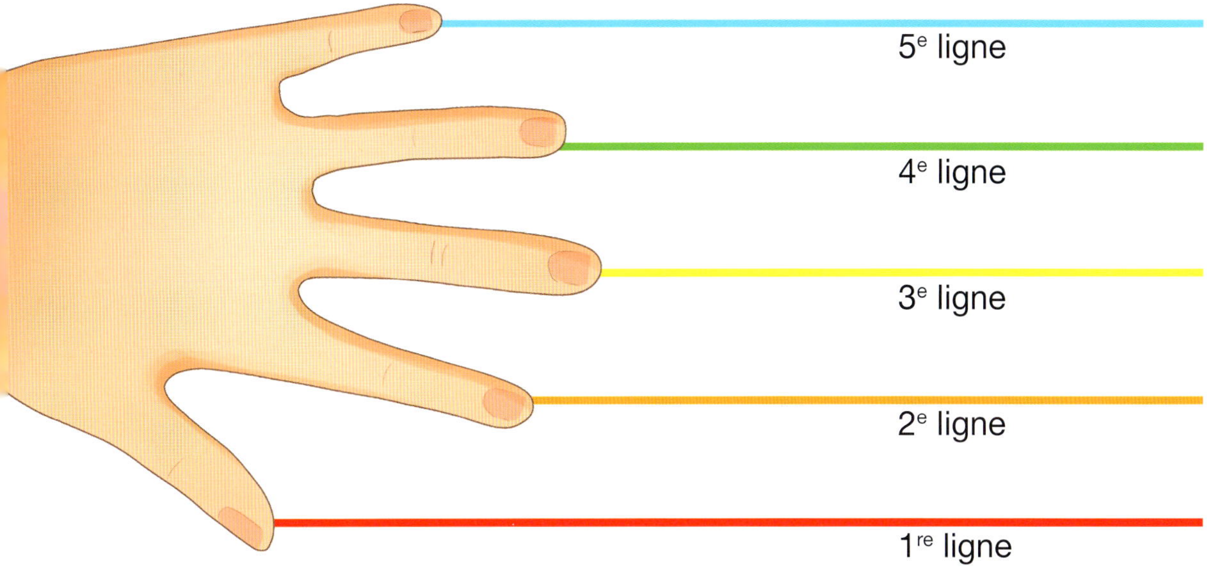

On peut simuler une portée en s'aidant de sa main, le pouce étant en bas et l'auriculaire en haut. On imagine qu'on trace une ligne au bout de chaque doigt. La première ligne est en bas, au bout du pouce. L'espace entre deux lignes s'appelle un interligne. Le premier interligne est en bas, entre le pouce et l'index. Les interlignes doivent tous être de même hauteur.

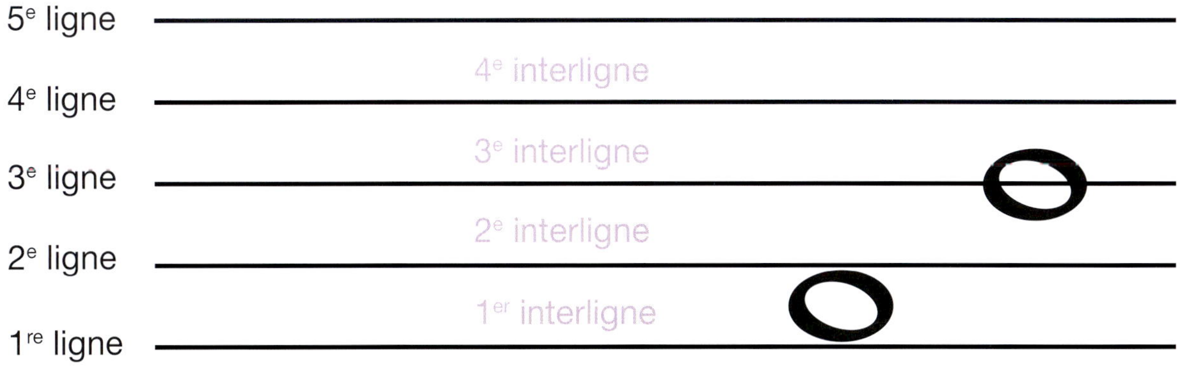

Les notes de musique ne viendront pas se poser n'importe où sur la portée, mais soit sur une ligne, soit dans un interligne.

LA CHANSON DE LA PUCE

Les notes portent des noms : do, ré, mi, fa, sol, la, si. On peut les découvrir en chanson, en grimpant l'escalier avec les petits chiens.

DO RÉ MI FA SOL LA SI DO
Gratte-moi la puce que j'ai dans l'dos.
Si tu l'avais grattée plus tôt
Elle ne s'rait pas montée si haut !

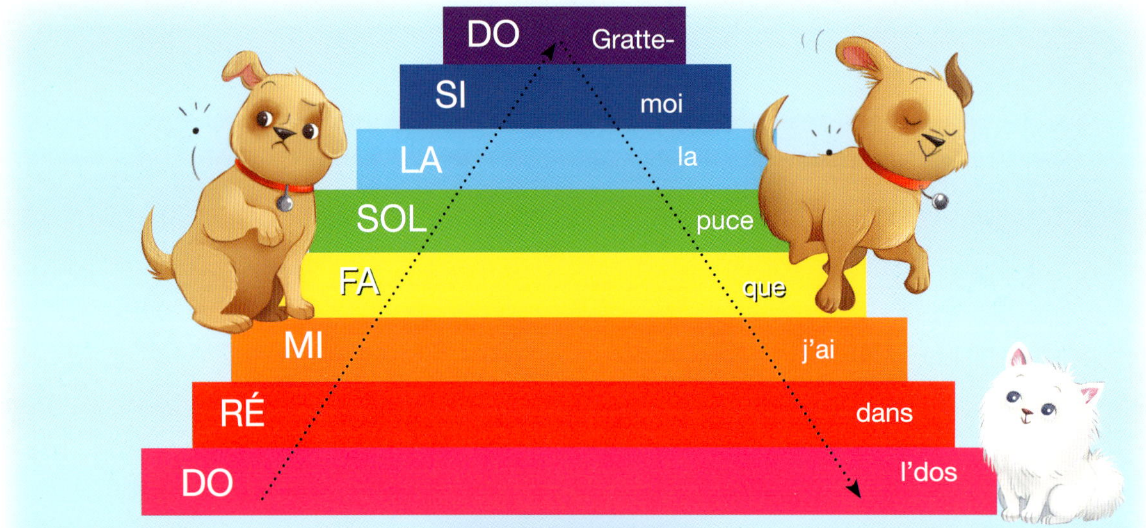

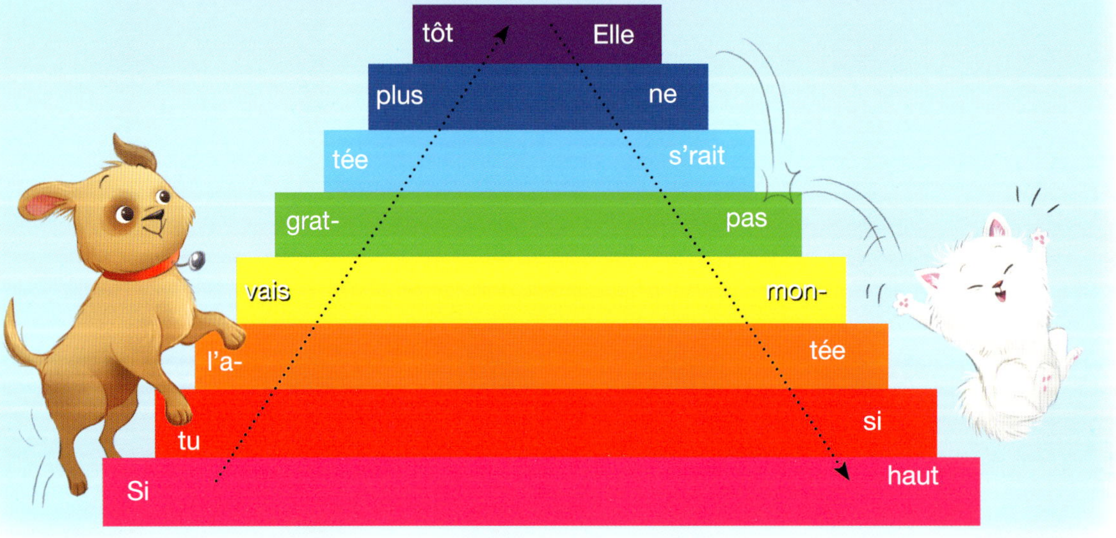

Ces notes aux jolis noms aimeraient s'installer sur une portée.
Mais pour cela elles doivent trouver... une clé !

LES CLÉS

De même que chaque maison a sa clé, chaque portée a la sienne. La clé donne son nom aux notes qui se trouvent sur sa ligne de départ.

Pour dessiner la clé de sol, on commence sur la deuxième ligne de la portée. Toutes les notes écrites sur cette deuxième ligne s'appelleront « sol », quelle que soit leur durée (qu'il s'agisse d'une blanche, d'une noire, d'une croche...).

Pour dessiner la clé de fa, on commence sur la quatrième ligne de la portée. Toutes les notes écrites sur la quatrième ligne s'appelleront « fa ».

DES NOTES SUR UNE PORTÉE

Invitons la clé de sol à ouvrir notre portée. À partir de la ligne du sol, on peut trouver le nom des autres notes. Chacune a sa place sur la portée.

Repère la ligne de la note « sol » dessinée en rouge. Descends dans l'interligne juste au-dessous : voici le « fa ». Descends sur la ligne juste au-dessous : voici le « mi ». Continue à descendre : un interligne, une ligne... Et s'il manque des lignes, on peut ajouter des minilignes juste assez grandes pour y écrire une note, comme pour le « do » du bas.

Repère la ligne de la note « sol » rouge et pose ton doigt dessus.
Monte dans l'interligne juste au-dessus : voici le « la ».
Monte sur la ligne juste au-dessus : voici le « si ».
Continue à monter : une ligne, un interligne...

La note qui se trouve juste au-dessus de la portée correspond à la lame du xylophone la plus courte : elle a le son le plus aigu.

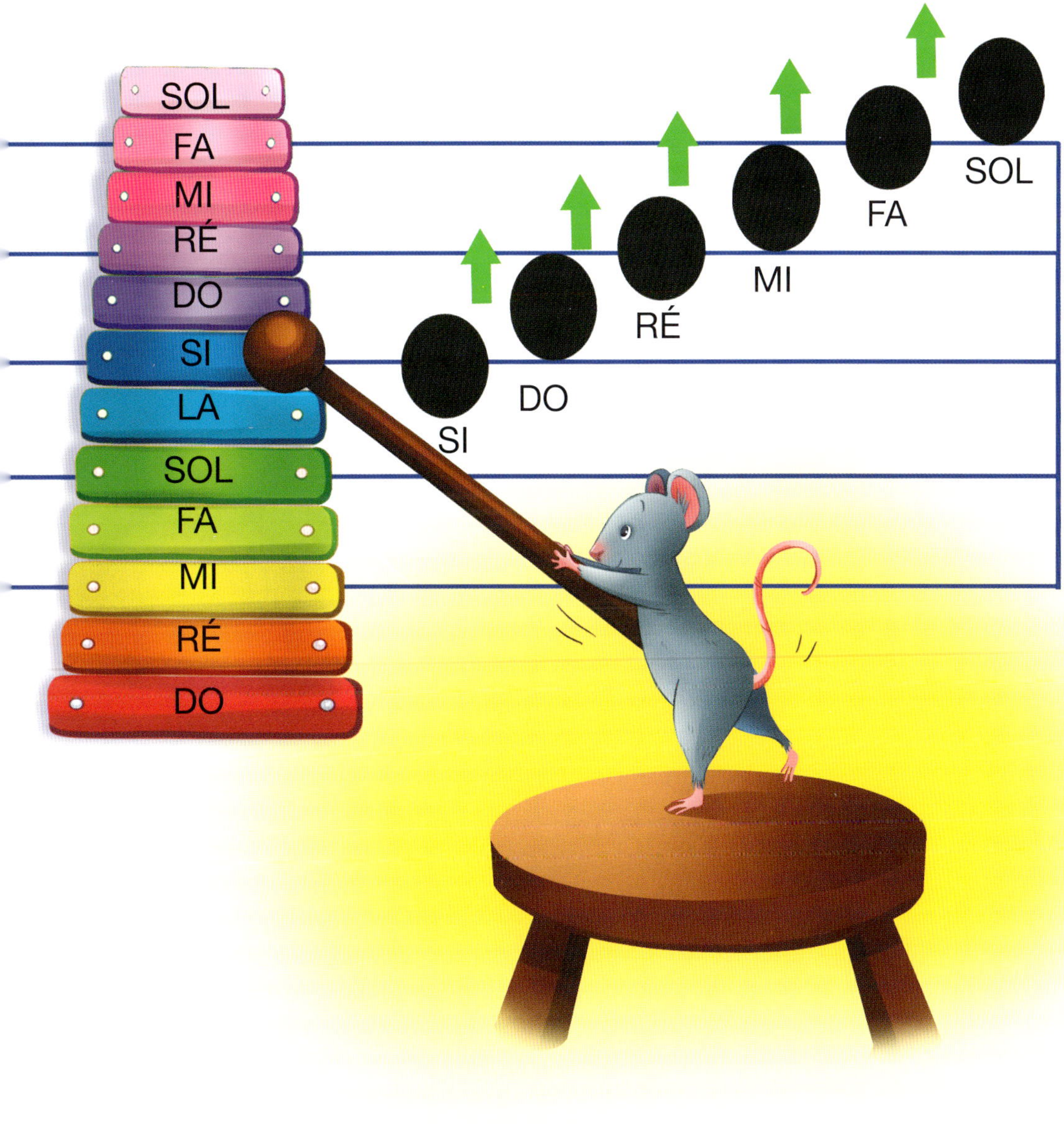

LES SILENCES

Sur sa partition, le musicien lit les notes et les silences.
Des signes lui indiquent combien de temps il doit rester sans jouer.

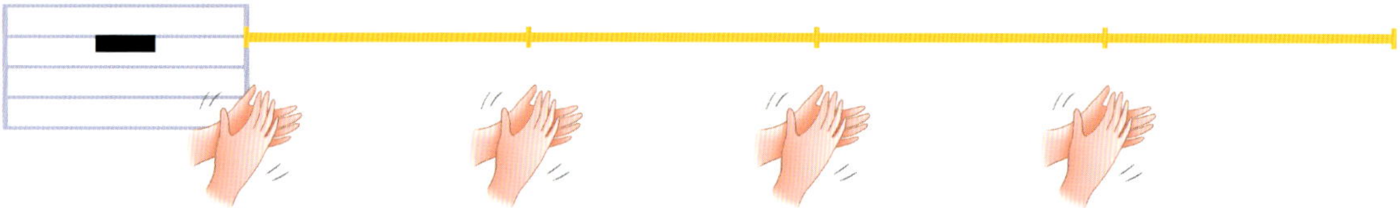

Pause : le silence se prolonge sur quatre temps. Prends ton souffle et dis « chut » pendant qu'un adulte frappe quatre fois dans ses mains.

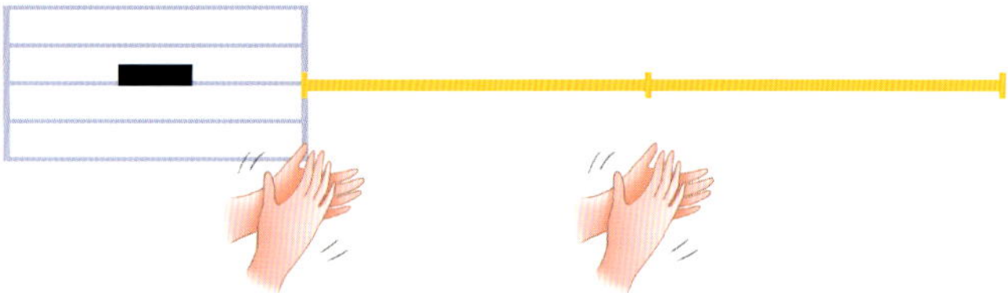

Demi-pause : le silence se prolonge sur deux temps. Prends ton souffle et dis « chut » pendant qu'un adulte frappe deux fois dans ses mains.

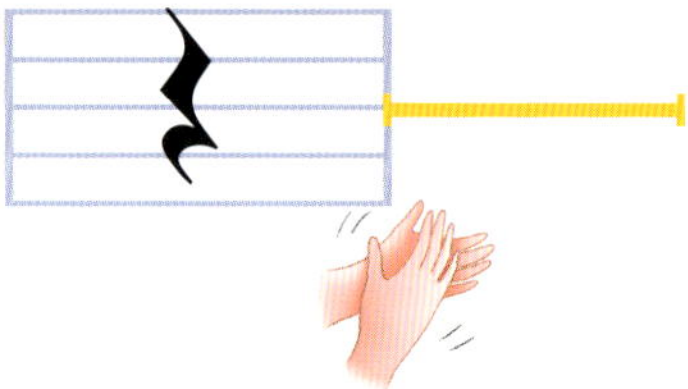

Soupir : le silence se prolonge sur un temps. Prends ton souffle et dis « chut » pendant qu'un adulte frappe une fois dans ses mains.

Demi-soupir : le silence se prolonge sur la moitié d'un temps. Ton « chut » sera bref et l'adulte fera un claquement de mains très sec, comme un coup de cymbales.

LES INSTRUMENTS DE MUSIQUE

LES PREMIERS INSTRUMENTS DE MUSIQUE

Dès la préhistoire, les hommes ont confectionné des instruments à partir de coquillages, d'os, de cornes, de bois ou de peaux d'animaux.

Un homme de la préhistoire a percé cet os d'animal pour en faire une flûte.

Ce racleur est en os sculpté. On le fait résonner en le frottant avec un bâton.

Voici l'un des premiers tambours : il a été fabriqué en tendant une peau d'animal sur un vase en terre.

Cet Aborigène d'Australie imite le tonnerre en faisant tournoyer son rhombe, une planchette de bois.

En soufflant, en pinçant, en tapant, les hommes ont reproduit les sons de la nature et les cris des animaux. Puis ils ont inventé des rythmes et des chants de plus en plus variés.

Le musicien tend une corde sur son arc. Il la frappe avec sa baguette : le son résonne dans sa bouche.

L'enfant souffle dans une conque. Il peut boucher plus ou moins le coquillage pour modifier le son.

Cet homme souffle dans un chofar, une corne de bélier ou de grand koudou, sorte d'antilope.

Des fruits secs remplis de graines et enfilés sur un bâton : voilà un hochet africain.

TOUT AUTOUR DU MONDE

Ces instruments sont les ancêtres des trompettes, des guitares, des pianos. Ils sont encore fabriqués et utilisés aujourd'hui.

Le son puissant du cor des Alpes résonne très loin dans la montagne.

Les lames de bois du balafon africain sont posées au-dessus de courges vidées et séchées.

Ce jeune Africain pince les languettes de sa sanza avec ses pouces.

Cet Indien d'Amérique du Sud joue sur un charango. Autrefois, on fabriquait cet instrument avec une carapace de tatou.

Ces instruments demandent un long apprentissage : en Inde, certains musiciens vivent près de leur maître pendant plusieurs années.

Les cordes de métal de la rudra vina indienne résonnent au-dessus de deux énormes calebasses faites de fruits vidés et séchés.

Dans certaines familles japonaises, les fillettes apprennent très tôt à jouer du koto, une cithare pouvant mesurer deux mètres de long !

LES FLÛTES D'AMÉRIQUE DU SUD

Pendant leurs fêtes, les Indiens d'Amérique du Sud dansent au son des tambours et des flûtes. Voici la flûte de Pan, la quena et le siku.

Quena

Flûte de Pan

Siku

Ce joueur de quena souffle dans une encoche taillée à l'extrémité de sa flûte.

La flûte de Pan est faite de tiges de roseau de différentes longueurs.

Ce joueur de siku bolivien souffle dans deux rangées de tuyaux de roseau.

LA BOMBARDE, LE BINIOU ET LA CORNEMUSE

Les musiciens qui jouent de ces instruments sont appelés « sonneurs ». La bombarde et le biniou animent les fêtes bretonnes, en France.

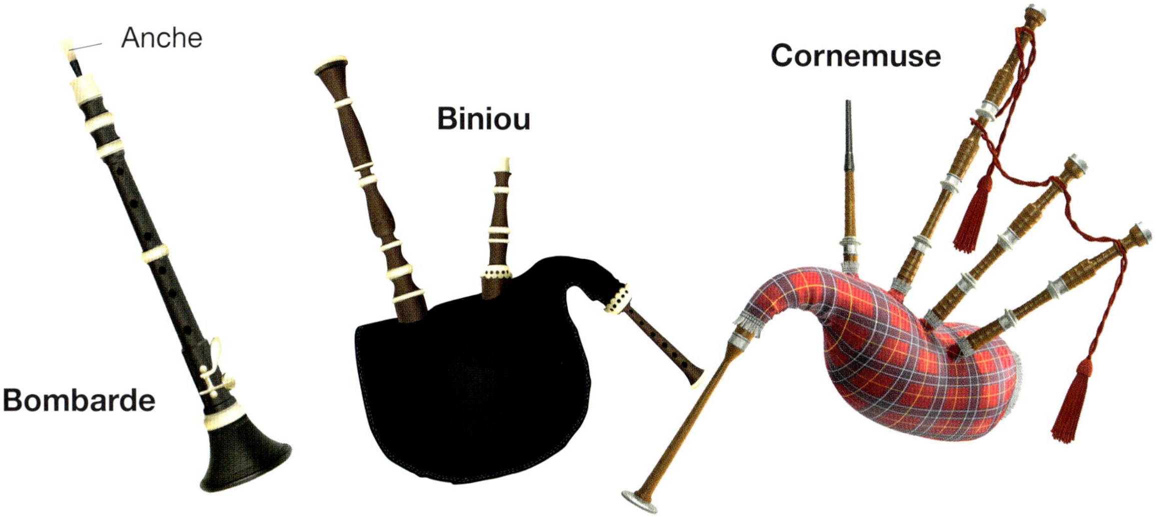

Le joueur de bombarde pince avec ses lèvres une lamelle de roseau : c'est l'anche de la bombarde.

Quand le musicien souffle dans les tuyaux du biniou ou de la cornemuse, la poche de l'instrument se gonfle d'air.

Lorsque le joueur de bombarde s'arrête pour reprendre son souffle, le joueur de biniou continue.

La cornemuse écossaise est plus grande que le biniou. Elle a aussi plus de tuyaux.

LES PETITES PERCUSSIONS

Percuter veut dire frapper. Les percussions sont des instruments que l'on frappe avec les mains ou avec des baguettes pour en obtenir un son.

*On agite les **maracas** pour entendre le roulement des graines ou des billes qu'elles contiennent.*

*Les **castagnettes** s'entrechoquent dans les mains.*

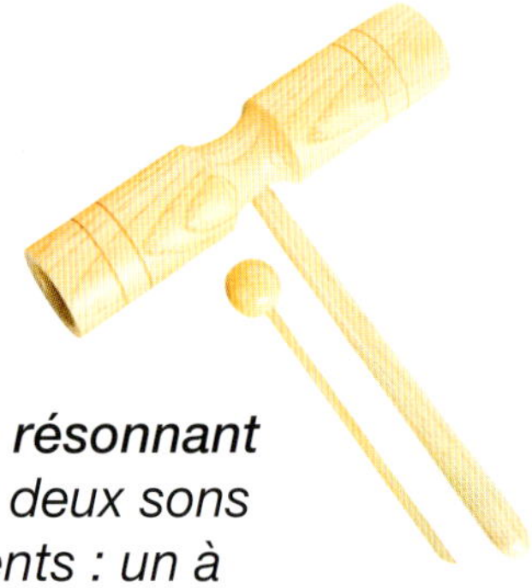

*Le **tube résonnant** produit deux sons différents : un à chaque extrémité du tube.*

*Quand on agite la **clochette**, un battant frappe le métal : il vibre.*

*Fixés sur un bracelet, les **grelots** tintent lorsqu'on les secoue.*

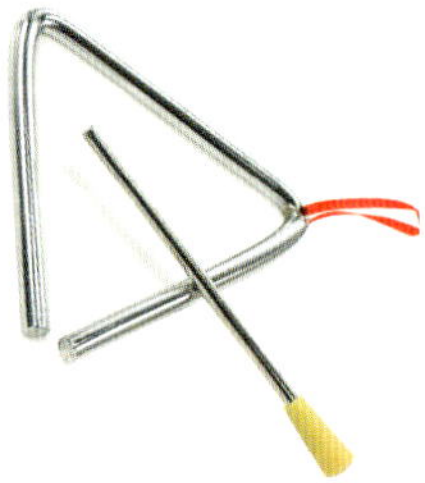

*Le **triangle** se tient par une attache. On le frappe avec une batte de fer.*

*Les **cymbales** sont deux disques de cuivre que l'on frappe l'un contre l'autre.*

LES TAMBOURINS ET LE BONGO

Ces instruments sont recouverts d'une peau naturelle ou de plastique. Il faut tendre ou détendre la peau pour changer le son.

Le tambourin
On tourne les clés pour régler la tension de la peau.

Le tambour de basque
C'est un tambourin garni de cymbalettes.

Le bongo
Les deux fûts du bongo sont de tailles différentes. Ils ne produisent pas le même son.

Les enfants dansent au son des instruments. On peut frapper le tambourin et le tambour de basque avec une baguette ou avec les mains.

LE XYLOPHONE, LE MÉTALLOPHONE ET LE MARIMBA

Ces instruments sont composés de lames sur lesquelles on frappe avec des baguettes. Chaque lame correspond à une note.

Xylophone

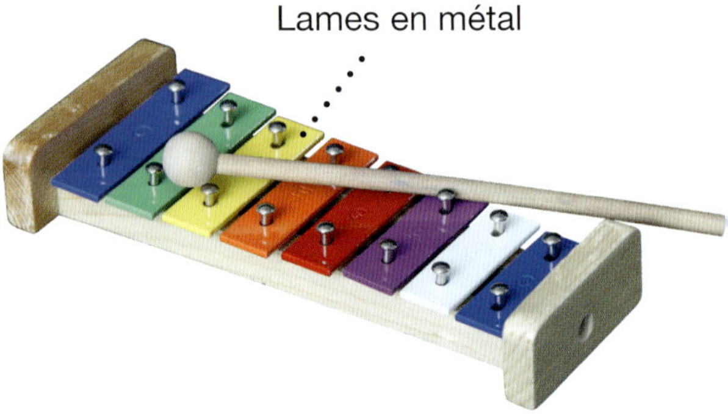

Métallophone

Les lames de ces instruments sont disposées comme les touches d'un clavier de piano. Dans la caisse de bois placée au-dessous, le son résonne.

Les lames du grand marimba sont placées au-dessus de résonnateurs, des tubes plus ou moins longs dans lesquels le son résonne.

LA TIMBALE ET LA CAISSE CLAIRE

Les deux côtés du fût de la caisse claire sont couverts de peau. Mais une seule peau est tendue sur la cuvette à fond arrondi de la timbale.

Timbale

Le timbalier peut jouer sur un jeu de plusieurs timbales. Pour modifier leur son, il tend ou détend la peau en appuyant sur une pédale.

Caisse claire

Le fût de la caisse claire est ici posé sur un trépied. Il peut aussi être fixé sur un harnais. Ainsi, le musicien peut se déplacer avec l'instrument.

LA BATTERIE

Le batteur joue de tout un ensemble de tambours et de cymbales. Avec ses mains, il frappe. Avec ses pieds, il appuie sur les pédales.

Lorsque le batteur actionne la pédale située au pied de la grosse caisse, une baguette terminée par une boule frappe la peau de l'instrument.

PREMIÈRES LEÇONS DE BATTERIE

Il existe des batteries adaptées à la taille d'un enfant de 7 ans. Au bout d'un an, il saura frapper les rythmes sur tous les instruments.

Serrer la baguette avec l'index. La maintenir parallèle au pouce.

Poser le pouce dessus. Replier les autres doigts autour de la baguette.

Retourner la main. Cette prise permet de frapper très fort.

Quand un futur batteur sait tenir ses baguettes, il exerce ses poignets afin qu'ils deviennent souples. Par exemple, il répète une dizaine de fois le mouvement indiqué ci-dessus en prenant la baguette d'abord dans sa main droite, puis dans sa main gauche. Un batteur apprend à jouer beaucoup de rythmes et à les lire sur une portée.

LA FLÛTE À BEC ET LA FLÛTE TRAVERSIÈRE

Le tube d'une flûte contient de l'air. Quand on souffle dans le bec, cet air vibre et voyage. Il ressort par les trous qui sont restés ouverts.

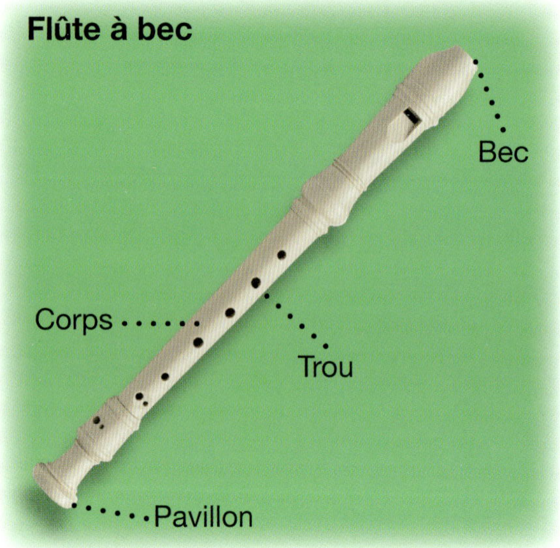

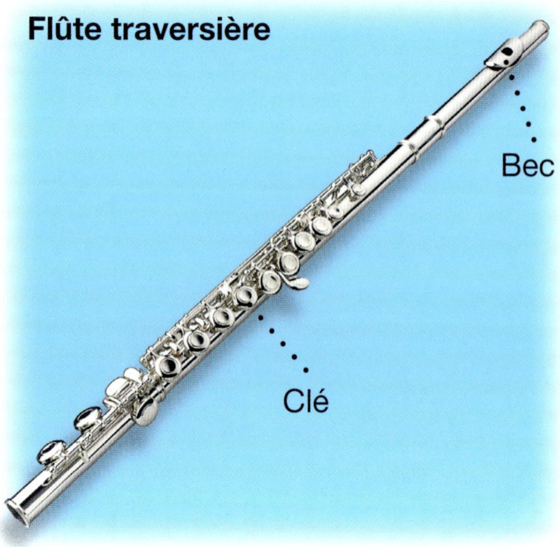

La flûte à bec est toute simple : elle se compose de trois parties. Mais, pour fabriquer la flûte traversière, il faut assembler 150 pièces !

Le flûtiste doit apprendre quels trous il faut fermer pour obtenir la note souhaitée. Ses doigts sont agiles !

On tient la flûte traversière « de travers » : cela explique pourquoi on la nomme ainsi.

PREMIÈRES LEÇONS DE FLÛTE

On peut commencer à apprendre la flûte à bec vers l'âge de 6 ans. La flûte traversière est lourde. Les débutants ont de 8 à 10 ans.

Les enfants découvrent les 3 parties de la flûte à bec. Ils ne gardent que le bec, qu'ils posent sur leur lèvre inférieure. Ils s'entraînent à respirer profondément, puis à souffler longtemps dedans.

On tient l'embouchure de la flûte traversière sous la lèvre supérieure. Seule une partie de l'air soufflé entre dans l'embouchure. Pour s'entraîner à souffler, on peut séparer la tête du corps de l'instrument.

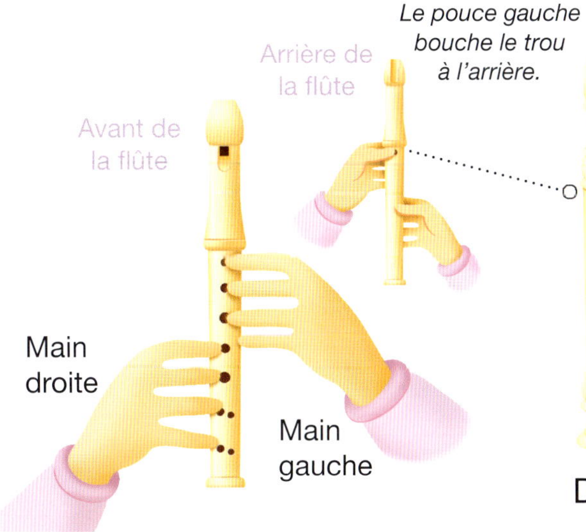

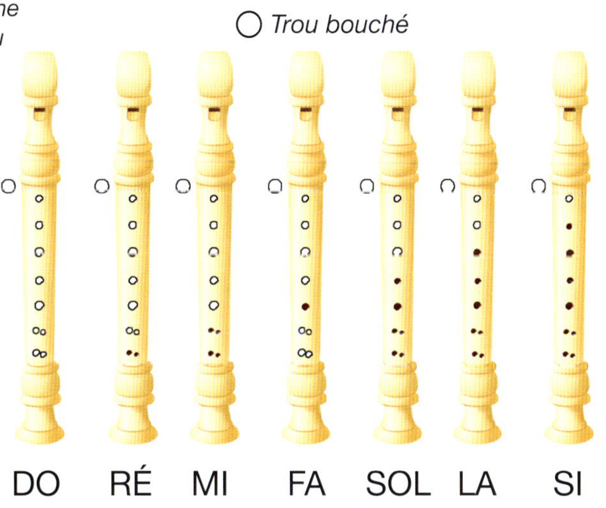

Quand les doigts bouchent tous les trous à l'avant et à l'arrière de la flûte à bec, on obtient la note « do ».

En fonction des doigts que l'on soulève, des trous restent ouverts et on obtient des notes différentes.

LE HAUTBOIS, LA CLARINETTE ET LE SAXOPHONE

Saxophone et clarinette existent en plusieurs tailles. Le hautbois ressemble à une clarinette, mais il produit du son de façon différente.

Le son du hautbois est puissant : il domine l'orchestre.

Hautbois

Clarinette

Le son de la clarinette peut être très fort ou très doux selon la puissance du souffle.

Saxo alto

Le son du saxo alto est plus grave que celui du saxo soprano.

Saxo soprano

Les musiciens utilisent leurs doigts un peu comme pour jouer sur une flûte. Ils travaillent beaucoup leur respiration et leur souffle.

PREMIÈRES LEÇONS DE HAUTBOIS, CLARINETTE ET SAXOPHONE

Les enfants de 8 ans peuvent apprendre le hautbois, la clarinette ou le saxophone. Le plus difficile est d'obtenir un joli son.

Les anches sont de fines languettes de roseau fixées au bec des instruments, que les saxophonistes et les clarinettistes mouillent avec leur salive pour qu'elles restent souples.

Un saxophoniste ou un clarinettiste aura du mal à obtenir un son du hautbois, car son anche est double. Le musicien doit faire vibrer les deux fines lames tout en les pinçant entre ses lèvres. C'est très difficile ! Le joueur de hautbois, lui, pourra facilement faire sonner une clarinette ou un saxophone.

LA TROMPETTE

La trompette est faite d'un tuyau de cuivre replié sur lui-même. Ce tuyau s'élargit peu à peu. Son extrémité s'appelle le pavillon.

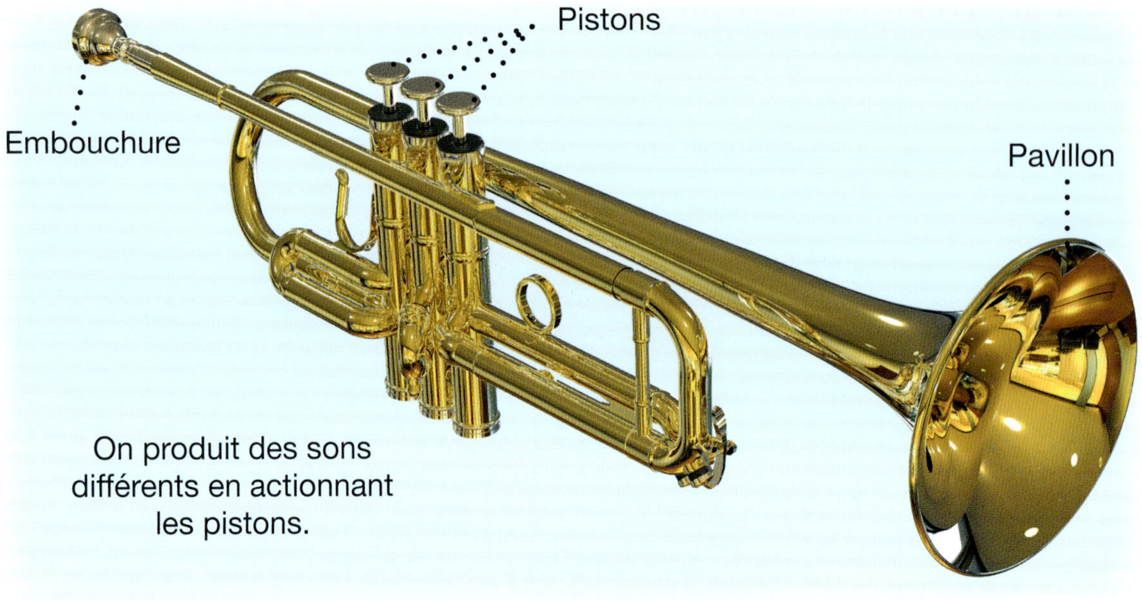

On produit des sons différents en actionnant les pistons.

Le trompettiste doit appliquer ses lèvres contre l'embouchure. Quand il souffle, elles vibrent. Ses doigts appuient sur les trois pistons. Le son de la trompette est très fort. Il est préférable de jouer dehors !

PREMIÈRES LEÇONS DE TROMPETTE

Faire sortir un son d'une trompette n'est pas facile ! Un enfant de 10 ans peut s'y essayer. Avant, ce n'est pas bon pour les dents.

Le débutant peut s'exercer avec un cornet à pistons : plus court que la trompette, il est moins fatigant à porter !

L'enfant apprend à placer ses lèvres sur l'embouchure et à les faire vibrer. Il prend conscience de la position de sa langue.

Mais le plus important, c'est la respiration. Il faut pouvoir jouer le plus longtemps possible sans reprendre son souffle. On peut s'entraîner à respirer profondément en gonflant un ballon ou en soufflant dans l'embouchure de la trompette.

LE TROMBONE, LE COR ET LE TUBA

Voici trois instruments à vent bien lourds à porter. Le vent, c'est le souffle des musiciens qui passe dans les longs tubes de cuivre.

Cor

Le tube du cor est tout rond.

Trombone

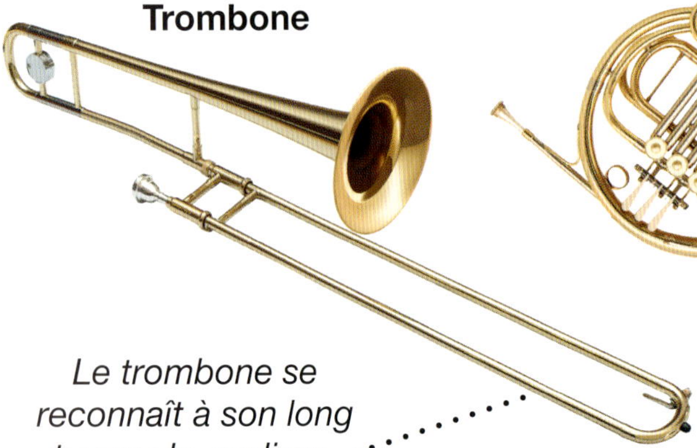

Le trombone se reconnaît à son long tuyau : la coulisse.

Le tuba produit les sons les plus graves.

Tuba

Le son du trombone change quand on pousse la coulisse.

Pour que le cor sonne moins fort, on place la main dans le pavillon.

Le tuba est si lourd que le musicien joue le plus souvent assis.

L’ACCORDÉON, LE CONCERTINA ET L’HARMONICA

Ces trois instruments cachent des lames de métal qui vibrent à chaque passage d’air : ils appartiennent à la famille des instruments à vent.

Les soufflets de l’accordéon aspirent l’air quand le musicien les étire. Ils chassent l’air quand le musicien les referme. En fonction des boutons ou des touches que l’accordéoniste actionne, l’air venu des soufflets produit des sons différents.

Le concertina est un tout petit accordéon. C’est l’instrument préféré des clowns.

L’harmonica produit un son à chaque passage d’air, quand on inspire comme quand on expire.

LE VIOLON ET L'ALTO

Un violoniste tient son instrument sous le menton et presse les cordes avec les doigts de sa main gauche. Sa main droite manie l'archet.

L'archet est une baguette avec laquelle le musicien frotte les quatre cordes du violon.

Quand le violoniste pince les cordes avec ses doigts, on dit qu'il joue pizzicato.

L'alto, un peu plus grand que le violon, a un son plus grave. L'archet est plus court et plus lourd que celui du violon. Dans l'orchestre, il accompagne le violon ou le violoncelle.

PREMIÈRES LEÇONS DE VIOLON

Un violon et un archet, c'est lourd ! Un enfant de 6 ans peut apprendre à jouer avec un petit archet et un violon de taille « un quart ».

Pour tenir l'archet longtemps et sans fatigue, il faut apprendre la bonne position. On peut s'exercer avec un objet plus court qu'un archet, comme un crayon.

Ouvre ta main droite. Pose le crayon comme indiqué sur l'image.

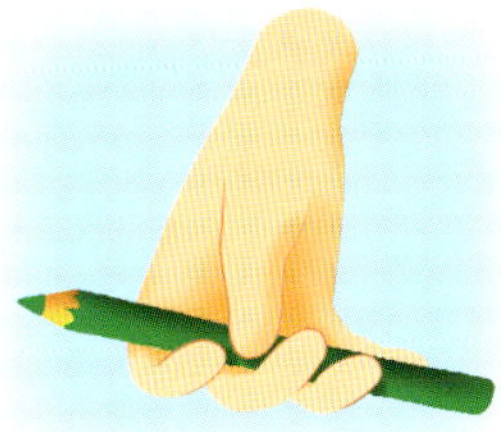

Pose le pouce sur le crayon. Plie les phalanges des autres doigts.

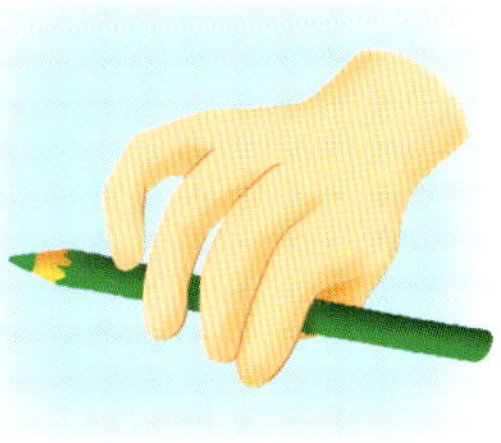

Retourne ta main : voilà comment tu devras tenir l'archet.

Il reste à apprendre à tirer puis pousser l'archet. Les doigts de la main gauche ne touchent pas les cordes. La position du coude, du poignet et des épaules est très importante. Le jeune violoniste s'exerce jusqu'à obtenir un très beau son.

Pour bien porter son violon, il faut le placer sur l'épaule, dans le cou, et poser sa mâchoire (et non le menton) sur la mentonnière.

LE VIOLONCELLE ET LA CONTREBASSE

Parmi les instruments à cordes, ce sont des géants ! Leur son est très grave. Les musiciens les posent sur le sol, appuyés sur une pique.

Les plus jeunes contrebassistes sont âgés de 8 ans. Ils jouent en fait sur un violoncelle dont ils se servent comme d'une contrebasse. Il existe de petits violoncelles pour les enfants de 6 ans. On peut jouer de la contrebasse avec ou sans archet.

Le violoncelliste s'assoit et tient son instrument entre ses genoux.

Le contrebassiste joue soit debout, soit assis sur un haut tabouret.

CHEZ L'ARCHETIER

L'archetier fabrique les archets, des baguettes sur lesquelles il tend des crins de cheval, ou encore des crins en Nylon.

Pour confectionner l'archet d'un musicien, le luthier assemble quinze pièces. Il utilise du bois précieux, comme l'ébène, du fil d'argent, de la nacre et même de l'os de mammouth !

Le crin de cheval doit être de grande qualité. Il provient par exemple des chevaux de Mongolie. Le crin utilisé est celui de la queue, plus long que celui de la crinière.

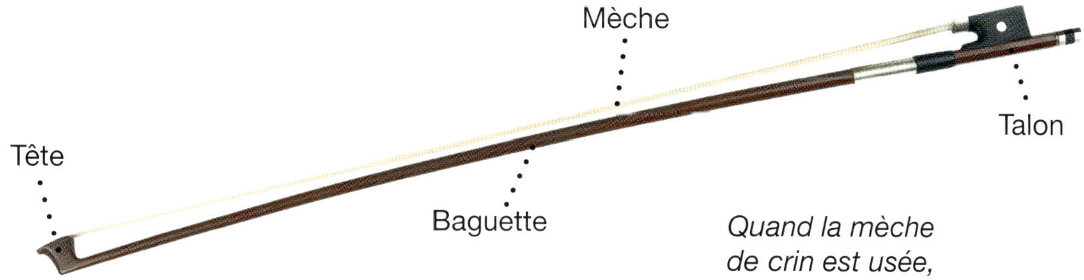

Quand la mèche de crin est usée, l'archetier la remplace.

LES HARPES

Les harpistes pincent les cordes de leur instrument avec la partie ronde du bout des doigts. Ils repèrent certaines cordes à leur couleur.

Les 47 cordes tendues sur la harpe de concert sont faites d'acier, de boyau de bœuf, ou encore de Nylon. Le harpiste n'utilise pas son auriculaire. Parfois, il appuie sur une des pédales pour modifier le son.

On peut apprendre à jouer de la harpe dès l'âge de 9 ans.

La harpe celtique est plus petite que la harpe de concert. Elle n'a pas de pédales. Les musiciens d'Irlande, de Bretagne et d'autres régions celtiques reprennent des airs très anciens. Ils composent aussi de nouvelles mélodies pour leur instrument.

LA GUITARE

Le guitariste coupe court les ongles de sa main gauche. En revanche, ceux de sa main droite doivent rester longs : ils grattent les six cordes.

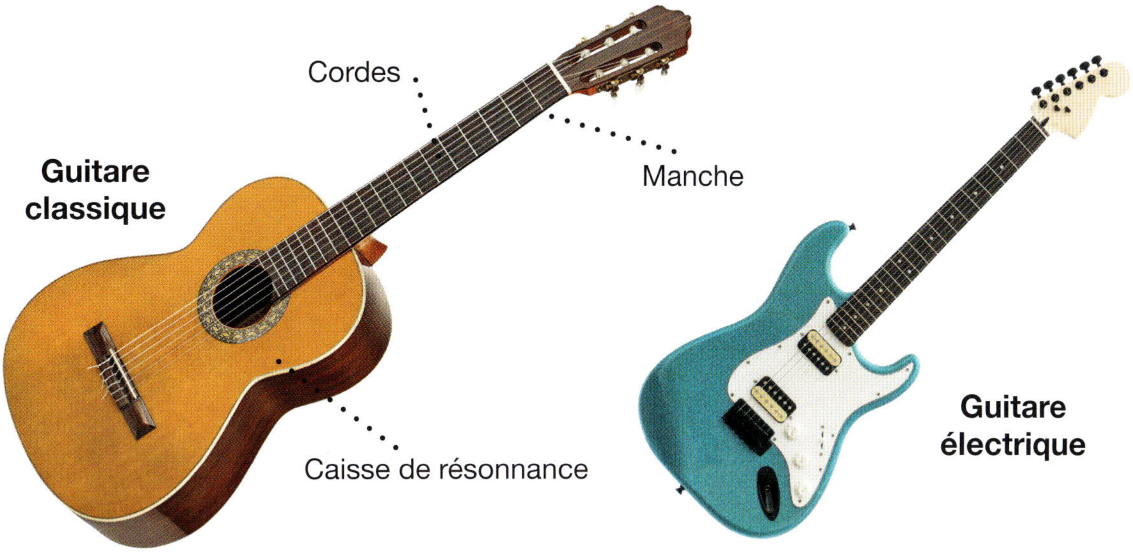

La guitare classique est faite de bois choisis soigneusement. Ils vibrent quand le musicien pince ou frotte les six cordes bien tendues.

Les doigts de la main gauche appuient sur les cordes pour changer la hauteur des sons.

La guitare électrique est plate. Le son voyage par le câble jusqu'à l'amplificateur.

PREMIÈRES LEÇONS DE GUITARE

Il existe plusieurs tailles de guitare. Dès 6 ans, un enfant peut jouer sur une guitare de petite taille. Au début, les cordes lui font mal aux doigts !

Une bonne position évite de se fatiguer trop vite. Le pied gauche est posé sur un repose-pied. Ainsi, la guitare est inclinée et est maintenue solidement sur la jambe gauche. Le pouce gauche est caché derrière le manche. Le coude gauche pend de tout son poids.

L'enfant joue « en butée » : le pouce appuie sur une corde et s'arrête en butant sur la corde du dessous.

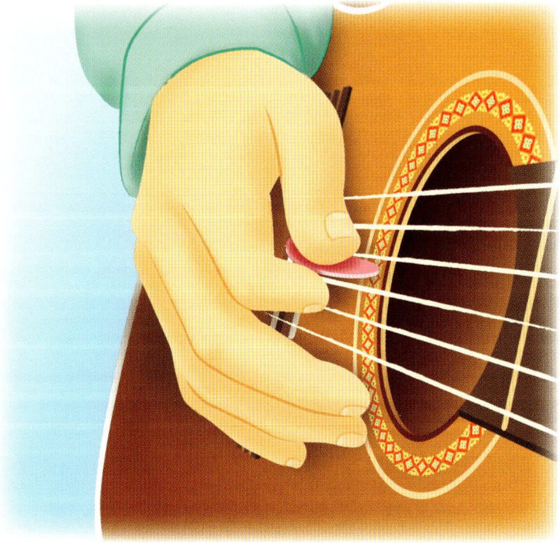

Parfois, pour frotter les cordes rapidement, le guitariste utilise un petit accessoire : le médiator.

LE PIANO DROIT

Le pianiste joue dans les salles de concert, tout seul ou avec d'autres musiciens. Parfois, le son du piano accompagne la voix d'un chanteur.

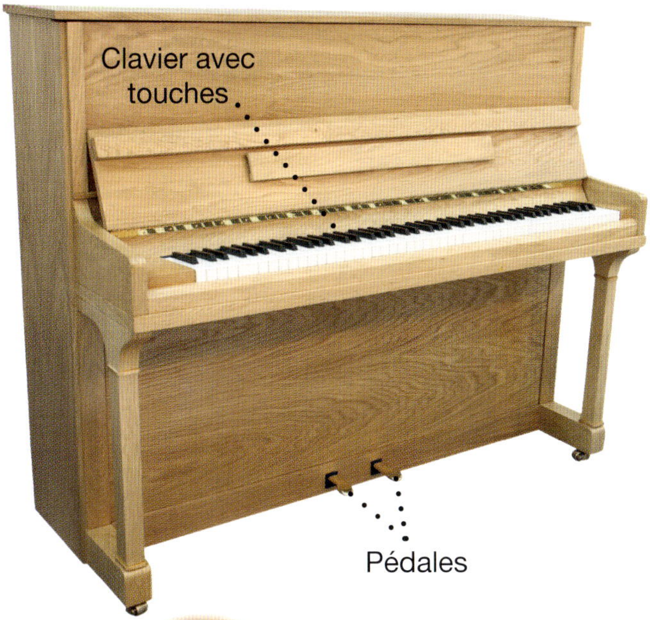

Les cordes du piano sont tendues verticalement. Elles sont cachées dans un meuble de bois.

Le clavier d'un piano droit est doté de 88 touches : 52 blanches et 36 noires. Chaque touche est reliée à un petit marteau situé à l'intérieur du piano. Quand le pianiste appuie sur une touche, le marteau frappe une corde. La corde vibre et produit un son.

PIANO À QUEUE ET CLAVIER NUMÉRIQUE

Le piano à queue peut mesurer presque trois mètres de long ! C'est un piano utilisé en concert. Le clavier numérique, lui, est plus léger.

Quand on soulève le couvercle du piano à queue, on voit les cordes, qui sont posées à l'horizontale. Le long clavier comporte 88 touches.

Les claviers numériques fonctionnent avec des sons enregistrés et des haut-parleurs. On peut jouer avec un casque.

Les synthétiseurs professionnels permettent de créer de nouveaux univers sonores.

PREMIÈRES LEÇONS DE PIANO

Un enfant de 6 ans peut commencer l'apprentissage du piano. Il veille à se tenir bien droit, à ne pas crisper poignets, bras et épaules.

Pour trouver la bonne position de la main et du poignet, place une balle ou une orange dans la paume de ta main. Puis exerce-toi à bouger les doigts l'un après l'autre sans bouger le poignet.

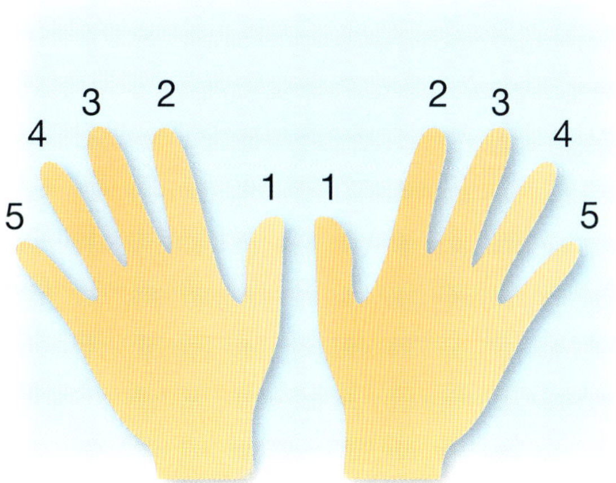

Pour jouer du piano, les doigts sont numérotés de 1 à 5. Les partitions musicales se servent de cette numérotation pour indiquer la façon de placer les doigts sur les touches.

Les pouces se placent au bord des touches blanches, les autres doigts au bord des touches noires. L'enfant apprend à jouer « legato » : afin que les sons des notes ne soient pas séparés, on ne lève un doigt que lorsque l'autre est abaissé. L'enfant exerce sa main droite, puis sa main gauche, puis les deux ensemble. Pas facile !

L'ORGUE

On trouve de grands orgues dans les cathédrales et les églises. L'organiste joue lors de concerts, et aussi pendant les célébrations.

Un orgue est un instrument qui produit du son à travers de longs tuyaux alimentés par une soufflerie. Il possède souvent plusieurs claviers. Chaque orgue a sa propre sonorité en fonction du nombre de claviers, de tuyaux, etc.

L'organiste joue avec les mains et les pieds : il dispose de plusieurs claviers et aussi d'un pédalier. Une soufflerie électrique envoie de l'air, qui est ensuite distribué dans les tuyaux de l'orgue.

UNE PETITE ÉCHELLE À FRAPPER

Tu pourras enfiler bâtons et rondelles de bouchon. Pour le reste, demande de l'aide à un adulte qui possède une scie et une perceuse.

Il te faut : 5 bâtons, 2 bouchons de liège, de la ficelle.

L'adulte scie les bâtons pour qu'ils soient de longueurs différentes.

Avec une perceuse, l'adulte fait un trou aux extrémités de chaque bâton.

Coupe 8 rondelles de bouchon, puis perce-les à l'aide d'un clou.

Passe la ficelle dans l'extrémité d'un bâton, puis dans une rondelle…

Arrivé au plus petit bâton, passe la ficelle de l'autre côté, redescends et noue !

Pour faire chanter ta petite échelle, tiens-la d'une main. De l'autre, frappe chaque barreau avec un bâton ou une cuillère de métal.

UN BÂTON DE PLUIE

Lorsque la pluie se faisait attendre, les Indiens l'appelaient avec ce bâton, qu'ils fabriquaient avec des tiges de cactus, de roseau ou de bambou.

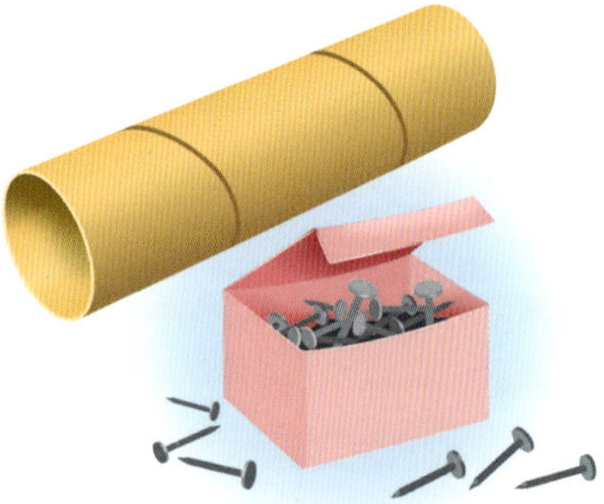

Matériel : un cylindre en carton dur, des pointes à tête plate (80 pour un tube de 30 cm)...

... un demi-verre de grains de riz, un marteau…

… de la feutrine, des paillettes. Et l'aide d'une grande personne !

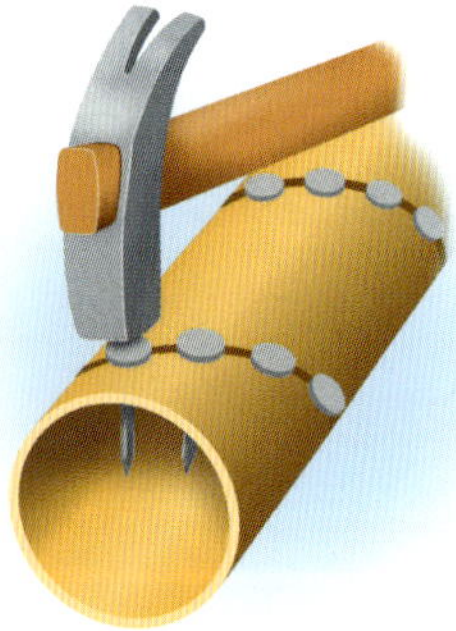

Un adulte enfonce des pointes tout autour du cylindre sur toute la longueur.

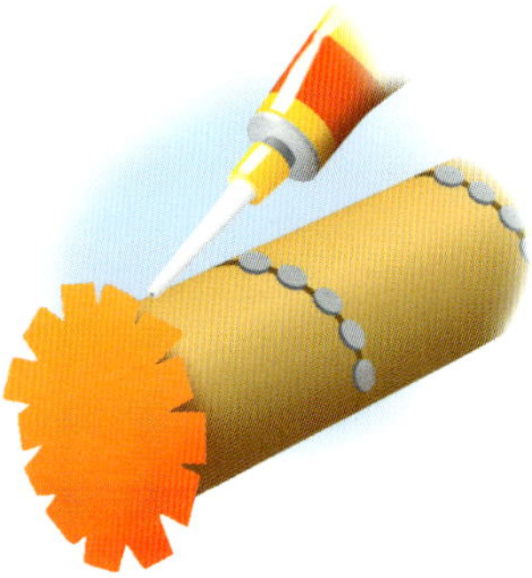

Ferme une extrémité du tube avec une rondelle de feutrine. Colle-la avec soin.

Verse les grains de riz et ferme le tube avec une autre rondelle de feutrine.

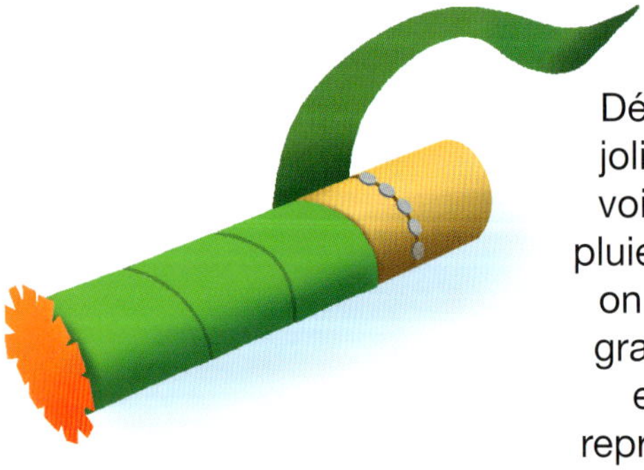

Colle une bande de feutrine autour du tube.

Décore le tube de jolies paillettes, et voilà ton bâton de pluie terminé. Quand on le retourne, les grains descendent en cascade et reproduisent le bruit de la pluie.

LES GENRES MUSICAUX

À L'OPÉRA

Un opéra, c'est du théâtre musical. Les chanteurs récitent ou chantent. Les musiciens et leur chef sont installés dans la fosse d'orchestre.

Un opéra se joue dans un bâtiment appelé « Opéra », ou bien dans une salle de spectacle. Pendant les festivals, il se joue aussi en plein air.

Bien avant le jour du spectacle, un écrivain a imaginé l'histoire et un compositeur a mis le récit en musique.

Des décorateurs ont dessiné et fait construire le décor. Un costumier a préparé un costume pour chaque chanteur.

Un metteur en scène a indiqué aux chanteurs leur gestuelle et leurs déplacements sur la scène.

Le chef d'orchestre a travaillé la partition avec les musiciens. Il a répété avec les chanteurs solistes, qui interprètent les rôles principaux, et aussi avec les chanteurs qui forment les chœurs. Et le jour du spectacle arrive !

LES CHANTEURS D'OPÉRA

Ils chantent seuls, en tant que solistes, ou avec les autres personnages. Ils sont accompagnés par l'orchestre, et parfois par un chœur.

Chanteurs et chanteuses sont choisis en fonction de leur voix, qui doit convenir au rôle. Ils doivent aussi se transformer en acteurs et être prêts à interpréter les personnages de l'histoire.

Les chanteuses aux voix aiguës sont les sopranos. On trouve ensuite les mezzo-sopranos, puis les contraltos.

Les chanteurs à la voix la plus aiguë sont les ténors. On trouve ensuite les barytons, puis les basses.

L'OPÉRA CHINOIS

En Chine, les chanteurs d'opéra sont aussi danseurs, acrobates, mimes. Avant chaque spectacle, ils passent beaucoup de temps à se maquiller.

Les couleurs des masques donnent des indications sur le caractère des personnages. Les acteurs au visage très maquillé, les « visages peints », interprètent souvent des personnages violents ou malhonnêtes.

Dans certaines écoles chinoises, des professeurs enseignent aux élèves les arts de l'opéra : le chant, le théâtre, la danse. Les enfants assistent régulièrement à de grands spectacles à l'Opéra de Pékin.

CHANTER EN GROUPE

Dans le chœur, les chanteurs (les choristes) interprètent une même mélodie à plusieurs voix. Parfois, des musiciens les accompagnent.

Certains chœurs réunissent des chanteurs professionnels ou encore des enfants qui étudient le chant tous les jours dans leur école. Quand les choristes chantent sans musiciens, ils chantent « a cappella ». On répartit les chanteurs en fonction de leur voix : grave, médium ou aiguë. Chaque groupe de voix s'appelle un pupitre.

Les chanteurs interprètent toutes sortes de répertoires : jazz, classique, gospel... Certains aiment ajouter une mise en scène, comme au théâtre.

LE CHEF D'ORCHESTRE

Pendant les répétitions et pendant le concert, tous les musiciens regardent le chef. Il les dirige avec ses mains... et avec son regard.

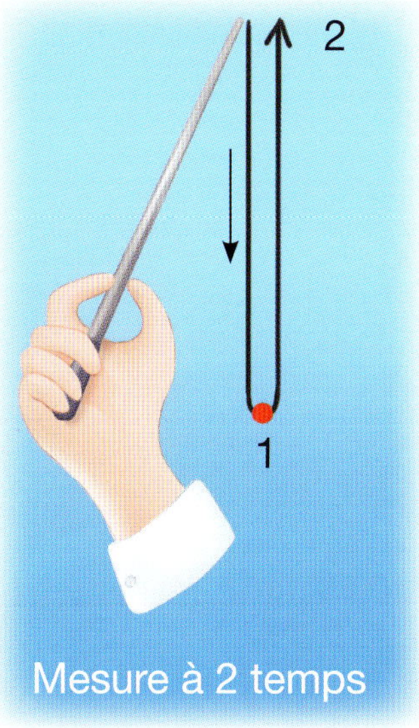

Mesure à 2 temps

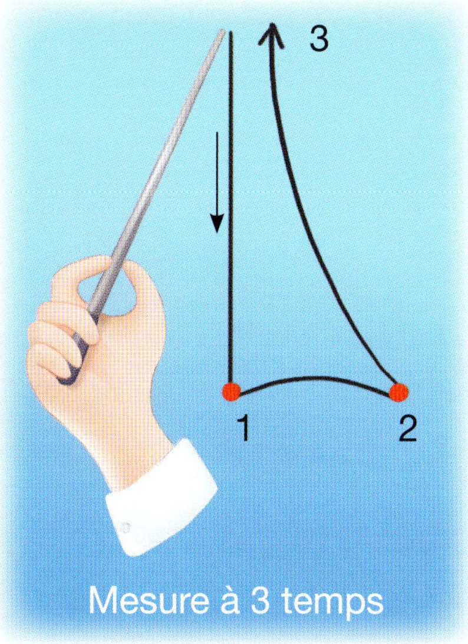

Mesure à 3 temps

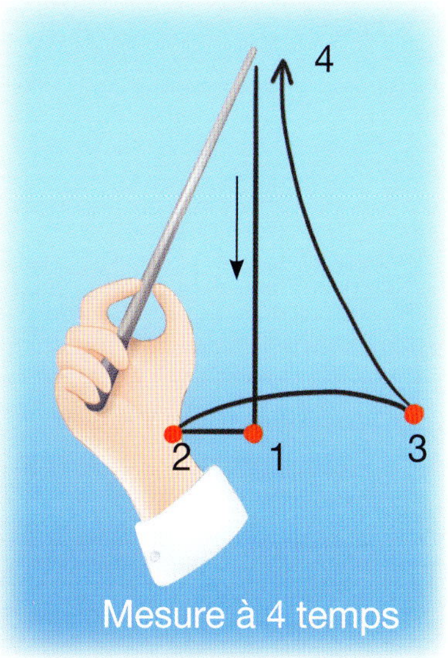

Mesure à 4 temps

Avec sa main droite, qui tient la baguette, le chef d'orchestre bat la mesure. Les musiciens suivent le mouvement que le chef dessine dans l'espace, et restent ainsi bien dans le rythme.

Très fort

Moins fort

Silence

Avec sa main gauche, le chef d'orchestre indique comment interpréter la musique et impose les nuances : plus fort, moins fort, silence.

L'ORCHESTRE SYMPHONIQUE

Les symphonies sont des musiques jouées par beaucoup d'instruments. L'orchestre symphonique comprend parfois plus de cent musiciens.

FAMILLE DES PERCUSSIONS

1. La caisse claire
2. Le triangle
3. Le xylophone
4. Les timbales
5. Les cymbales
6. Le gong
7. La grosse caisse

FAMILLE DES INSTRUMENTS À VENT

8. Les cors
9. Les trompettes
10. Les trombones
11. Les tubas

Les instruments sont rassemblés en grandes familles. Plus leur son est fort, plus ils sont éloignés du chef d'orchestre.

12. Les clarinettes
13. Les bassons
14. Le contrebasson
15. Les flûtes traversières
16. Les hautbois

FAMILLE DES INSTRUMENTS À CORDES

17. Les harpes
18. Les violons
19. Les altos
20. Les violoncelles
21. Les contrebasses

Le cœur de l'orchestre est constitué des instruments à cordes, plus nombreux car moins sonores.

LE BALLET

Le ballet allie la musique, la danse et le théâtre. Autrefois, il était souvent inclus dans l'opéra. Aujourd'hui, il constitue un genre à part.

Comme à l'Opéra, l'orchestre qui joue la musique du ballet se trouve dans la fosse. Le chorégraphe peut commander la musique à un compositeur. Parfois, il a imaginé les figures de danse en écoutant une musique qu'il a lui-même choisie.

Ici, la chorégraphe travaille avec les danseurs. Ils vont évoluer seuls, en duo ou avec toute la troupe. Chaque scène est répétée, ainsi que les enchaînements entre les différentes parties du spectacle.

LA COMÉDIE MUSICALE

Une comédie musicale, c'est un film ou un spectacle dans lequel alternent chants, danses et dialogues entre les acteurs.

La comédie musicale est un travail d'équipe : le musicien travaille avec l'écrivain, qui écrit l'histoire et les dialogues, le parolier, qui écrit le texte des chansons, le chorégraphe, qui imagine les scènes de danse, et le metteur en scène, qui dirige acteurs et danseurs.

Certains spectacles à succès sont joués pendant des années ! Le public apprécie aussi bien l'histoire que le décor et les costumes.

LE JAZZ

Les esclaves africains arrivés aux États-Unis il y a plus d'un siècle chantaient sur un rythme qui donna naissance à la musique de jazz.

Les morceaux de jazz sont soit chantés, soit seulement musicaux (pas de chanteur). Les chanteurs de jazz savent improviser : ils inventent des variations, portés par le rythme donné par les musiciens de l'orchestre. Ces derniers jouent souvent sans partition. Le rythme est parfois balancé : c'est le swing.

Quelques chanteurs et musiciens de jazz célèbres

Billie Holiday

Ella Fitzgerald

Louis Armstrong

John Coltrane

Django Reinhardt

Ray Charles

Duke Ellington

Miles Davis

L'ORCHESTRE DE JAZZ

Le musicien de jazz improvise sur un thème et un rythme. Il joue au sein d'une petite formation ou d'un grand orchestre appelé « big band ».

Le pianiste, le batteur et le contrebassiste dialoguent : l'un répond à l'autre en improvisant sur une « phrase » musicale. Puis tous se rejoignent sur un même thème. Ainsi, d'un concert à l'autre, ils ne jouent jamais exactement la même chose.

Dans le big band, on entend le plus souvent les instruments à vent (trompettes, trombones, saxophones) et le trio piano, contrebasse et batterie. Il peut aussi y avoir un guitariste.

LE ROCK'N'ROLL

« Rock » signifie « balancement » et « roll » veut dire « rouler ».
Le rock and roll, ou rock'n'roll, est une musique venue des États-Unis.

Un concert rock, c'est un grand spectacle ! Les musiciens jouent sur des instruments électriques. Les sons sortent par les amplis reliés aux haut-parleurs. Chaque musicien a une place définie pour que les micros captent les sons des instruments ou les voix des chanteurs.

Elvis Presley, surnommé « le King », ou « le roi », s'accompagnait souvent d'une guitare électrique.

Les Beatles formaient un groupe de rock célèbre. Leurs disques se vendent depuis 50 ans dans le monde entier !

MUSIQUES ACTUELLES : VARIÉTÉ, POP, RAP, ÉLECTRO

L'auteur écrit le texte, le compositeur le met en musique, le chanteur l'interprète. Parfois, le chanteur est aussi auteur et compositeur.

La variété, c'est la chanson populaire, interprétée par des artistes que l'on entend souvent à la radio et à la télévision.

Pendant le spectacle de musique pop, des micros sont placés devant les instruments et les chanteurs pour capter et amplifier les sons.

Les chanteurs enregistrent leurs nouveaux titres en studio, entourés de techniciens qui s'occupent de la prise de son. La musique sera ensuite écoutée sur un CD ou téléchargée.

Le rap est né à New York, où les jeunes des ghettos se lançaient des slogans, en une sorte de dialogue rythmé. Les textes peuvent dénoncer des injustices, comme le racisme. Ils peuvent aussi être poétiques. Le chanteur travaille sa respiration pour être capable d'enchaîner plusieurs strophes très rapidement.

Dans la musique électro, le musicien utilise des synthétiseurs et des platines. Le disc-jockey, ou DJ, touche les disques vinyles pour changer la vitesse. Ainsi, il crée des sons et des rythmes pour les danseurs.

LES FANFARES

Les musiciens de la fanfare jouent sur des cuivres (trompettes, trombones, cors…) et aussi sur des percussions.

Des musiciens amateurs ont formé une fanfare. Ils répètent régulièrement et sont prêts pour jouer lors de la Fête de la musique.

Pour faire une surprise à leurs invités, les mariés ont proposé aux musiciens d'une fanfare de venir animer la fête.

Fanfares et orchestres d'harmonie peuvent se montrer très créatifs !
Ici, des musiciens amateurs animent la fête : ils se costument et jouent des musiques qui surprennent et amusent le public.

Les fanfares militaires jouent lors des grands événements, comme pour le défilé du 14 Juillet à Paris. Les percussions sont devant, les cuivres derrière.

L'ORCHESTRE D'HARMONIE

Dans l'orchestre d'harmonie, on trouve les instruments de la fanfare, auxquels on ajoute flûtes, clarinettes, hautbois…

L'orchestre d'harmonie joue parfois dans un kiosque à musique.
Des compositeurs préparent des arrangements en puisant dans un répertoire varié : musique classique, musique de jazz, musique de film…

L'ORCHESTRE DE GAMELAN (INDONÉSIE)

À Java et à Bali, les orchestres de gamelan animent les fêtes, mariages, cérémonies, aussi bien dans les villages que dans les palais.

Gambang

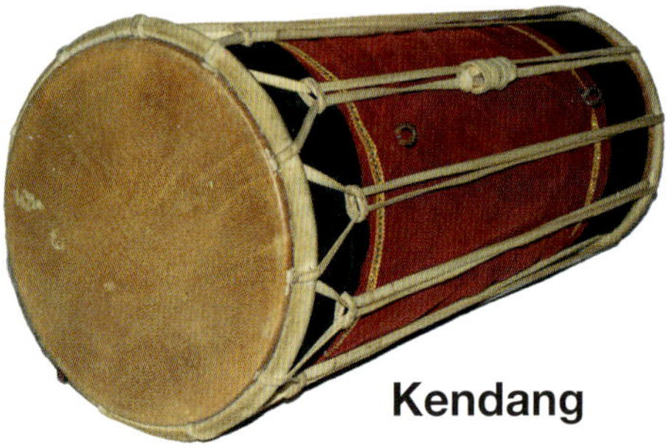

Kendang

Les musiciens savent jouer de chacun des instruments : xylophones, métallophones, gongs, tambours… L'orchestre comprend jusqu'à quarante instruments ! Il n'y a pas de chef, juste un entraîneur qui donne quelques signaux.

Bonang

Pour jouer de leur instrument, les musiciens s'installent pieds nus sur un tapis. Ils sont assis en tailleur et évitent de tendre les bras, afin de ne pas se fatiguer. Ils peuvent parfois jouer ainsi pendant plusieurs heures.

LA BATUCADA (BRÉSIL)

La batucada est un orchestre de percussions. Au Brésil, pendant le carnaval, il joue la musique d'une danse très populaire, la samba.

La batucada accompagne les danseurs. En soufflant dans l'apito, un sifflet, le maître de batterie indique aux musiciens les départs et les arrêts. Tous les genres de percussions sont utilisés. Les instruments se répondent à un rythme très entraînant.

L'ORCHESTRE MARIACHI (MEXIQUE)

Au Mexique, les groupes de mariachis jouent et chantent dans les fêtes religieuses, et aussi dans les fêtes de village, les mariages…

La grosse guitare de l'orchestre mariachi s'appelle un guitarrón.

Les instruments les plus courants dans l'orchestre sont les instruments à cordes comme le violon et la guitare, ainsi que les trompettes. Les musiciens jouent des airs traditionnels et aussi des airs imaginés par des compositeurs d'aujourd'hui. Ils portent le costume traditionnel, avec des broderies argentées, et un sombrero sur la tête.

L'ORCHESTRE DE BIDONS

Les steel bands sont des orchestres dont les musiciens jouent sur des bidons de pétrole. Les premiers se sont formés dans les îles Caraïbes.

Un bidon est aussi appelé « pan » : c'est le mot anglais qui signifie « casserole ». On dit aussi « steel drum », ou « tambour d'acier ». Les pans sont accordés pour produire différentes hauteurs de notes. Ensemble, les musiciens du steel band jouent toutes sortes de mélodies.

Dans certaines écoles de musique, on met à la disposition des élèves quelques bidons pour qu'ils découvrent de nouveaux sons. Certains peuvent choisir de s'entraîner régulièrement. Peut-être pourront-ils jouer plus tard dans un steel band !

UN ORCHESTRE TSIGANE

Les Tsiganes vivent en Hongrie, en Roumanie, en Bulgarie et en Russie. Ils jouent souvent de plusieurs instruments, appris dès l'enfance.

Les musiciens interprètent avec vivacité des airs traditionnels, et aussi d'autres styles de musique. Ils savent improviser sur les mélodies.

LES COMPOSITEURS

ANTONIO VIVALDI (1678-1741)

Antonio Vivaldi est né à Venise, en Italie. Excellent violoniste, il compose plusieurs centaines d'œuvres qui remportent rapidement le succès.

Comme ses six frères et sœurs, Antonio est roux. Son père est un célèbre violoniste.

Dès l'âge de 11 ans, il est appelé pour remplacer un violoniste dans un orchestre.

Son père joue dans l'orchestre du théâtre de la ville. Souvent, Antonio l'accompagne.

À l'âge de 25 ans, il devient prêtre : toute sa vie, on l'appellera « le prêtre roux ».

Vivaldi enseigne la musique dans une institution accueillant des jeunes filles pauvres.

Sa santé fragile ne l'empêche pas de composer et de voyager à travers l'Europe.

À 46 ans, Vivaldi écrit *Les Quatre Saisons*, œuvre aussitôt jouée par les orchestres de l'époque.

À 63 ans, Vivaldi quitte Venise et se rend en Allemagne, où il meurt dans la solitude.

Après 200 ans d'oubli, les musiciens ont redécouvert son œuvre, pour la joie de tous.

JEAN-SÉBASTIEN BACH (1685-1750)

Né en Allemagne, Bach apprend très jeune le violon et le clavecin. Quand il a 10 ans, ses parents meurent et c'est son frère qui s'occupe de lui.

Bach n'a le droit de jouer du clavecin qu'une heure par jour.

Il recopie en cachette les partitions que son frère lui interdit d'apprendre.

Son frère le surprend alors qu'il déchiffre les copies. Il se fâche et les emporte.

D'abord très triste, Bach s'aperçoit qu'il a retenu par cœur les notes.

Devenu organiste, il doit inventer une musique pour chaque dimanche.

Bach se marie avec sa cousine Maria Barbara, avec qui il a 7 enfants.

Après la mort de Maria Barbara, Bach épouse Anna Magdalena, et ils ont 13 enfants. En tout, il a eu 20 enfants !

Il a composé des œuvres reprises par les pianistes d'aujourd'hui, dont le *Clavier bien tempéré*, écrit pour ses enfants.

GEORG FRIEDRICH HAENDEL (1685-1759)

Musicien allemand, Haendel apprend très jeune le violon, le clavecin et l'orgue. Il ne cesse de composer que lorsqu'il devient aveugle.

Le petit Haendel rêve d'apprendre le clavecin. Sa tante lui en offre un.

Haendel joue dans le grenier, sans que son père le sache.

Car, pour son papa, il faut étudier dans les livres. La musique, c'est inutile !

Un matin, Haendel rattrape le carrosse de son père, qui part travailler chez un duc.

Il promet d'être très sage si son père accepte qu'il l'accompagne.

En cachette, Haendel va jouer de l'orgue dans la chapelle du duc.

L'organiste l'entend et lui demande de jouer pendant la messe. Le duc lui donne une bourse pleine d'or.

Vers 11 ans, Haendel commence à écrire sa musique. Plus tard, pour le roi d'Angleterre, il composera sa célèbre *Water Music*.

FRANZ JOSEPH HAYDN (1732-1809)

Né en Allemagne et connu dans toute l'Europe, Haydn a vécu pendant trente ans chez le plus riche prince de Hongrie.

Enfant, Haydn aime imiter les violonistes avec deux morceaux de bois.

Quand il a 6 ans, il part vivre chez un cousin musicien.

Chez son cousin, Haydn apprend à jouer du violon et du clavecin.

Haydn a une très belle voix. Un jour, un visiteur l'entend chanter...

... et lui propose de venir chanter à Vienne dans la chorale de l'empereur.

À la cour, Haydn travaille sa musique... mais il aime aussi grimper aux arbres !

Vers 18 ans, il quitte la chorale. Il lit des livres de musique.

Pour gagner sa vie, Haydn écrit sa musique et la joue sur son violon.

Un prince hongrois l'accueille chez lui et il compose alors des symphonies pour son orchestre.

WOLFGANG AMADEUS MOZART (1756-1791)

Né à Salzbourg, dans l'Empire germanique, le petit Mozart écoute sa sœur, qui joue du clavecin, et son père, qui joue du violon, et les imite.

Le papa du petit Mozart et de sa sœur Maria Anna écrit de la musique.

À 4 ans, Wolfgang veut jouer du clavecin comme sa sœur.

Son père lui donne alors des leçons. Wolfgang apprend très vite.

Wolfgang est si brillant qu'il peut jouer sur un clavier recouvert d'un drap !

Quand il a 7 ans, son père l'emmène pour un long voyage. Avec sa sœur, il donne des concerts devant des princes. Il reçoit beaucoup de cadeaux.

Au bout d'un an, le papa de Mozart et ses enfants arrivent en Angleterre.

Adulte, Mozart revient s'installer à Salzbourg.

Au service du prince archevêque de la ville, il écrit des symphonies et des opéras.

Mozart apprend aussi le violon et l'écriture de la musique. Il est incroyablement doué. À 6 ans, il invente un air de danse. Et il écrit son premier opéra à 11 ans. Il créera 700 compositions en 30 ans !

Mozart est joyeux et farceur. Il adore se déguiser et faire la fête.

Un jour, il pince même une chanteuse qui ne chante pas assez fort à son goût.

Certains se moquent de lui, car ils ne comprennent pas sa musique.

Même lorsque Mozart manque d'argent, il continue de composer des airs joyeux.

Son opéra *La Flûte enchantée* est un succès. Mais il se sent malade.

Bien que très faible, Mozart continue d'inventer et de dicter de nouveaux airs.

Mozart meurt un 5 décembre, à Vienne, en Autriche. Il fait très froid le jour de l'enterrement. Bien peu de ses amis se rendent au cimetière !

LUDWIG VAN BEETHOVEN (1770-1827)

Beethoven est né en Allemagne. Son père veut absolument qu'il soit musicien. Il lui fait apprendre le piano, l'orgue et le violon.

Monsieur Beethoven réveille tôt son fils pour qu'il s'exerce au violon !

Ludwig donne son premier concert alors qu'il a 8 ans.

Puis il joue dans l'orchestre de la cour de l'archevêque de Cologne.

Devenu musicien de la cour, Beethoven doit s'habiller avec élégance.

Même Mozart admire le talent de Beethoven, alors âgé de 16 ans !

Beethoven compose une symphonie en l'honneur de Bonaparte.

Il a beaucoup de succès. Malheureusement, à partir de 27 ans, il devient sourd.

Beethoven ne peut plus jouer du piano, mais il compose jusqu'à ce qu'il tombe malade après avoir pris froid.

FRANZ SCHUBERT (1797-1828)

Compositeur né en Autriche, Schubert compose environ 1 000 œuvres, dont 600 chants appelés « lieder ». Il meurt alors qu'il n'a que 31 ans.

Franz est le quatrième enfant de la famille Schubert.

Il étudie le piano avec son grand frère Ignaz. Il fait de rapides progrès.

Reconnaissant son talent, l'organiste de la ville le prend pour élève.

Quand il a 11 ans, il passe un examen de chant qu'il réussit.

Il quitte alors sa famille pour devenir chanteur à la chapelle royale.

Entre les cours de chant et les concerts, il écrit la musique qu'il invente.

En 1812, son école est incendiée par l'armée de Napoléon, mais il n'est pas blessé.

Franz est très attaché à sa famille. Il perd sa mère à 15 ans, mais la nouvelle femme de son père se montre affectueuse.

Il enseigne quatre ans dans l'école de son père puis se consacre à la musique.

FRÉDÉRIC CHOPIN (1810-1849)

Chopin naît en Pologne. Il compose des valses et des airs qui portent le nom des danses de son pays : des mazurkas, des polonaises, etc.

La maman de Chopin est musicienne. Elle lui apprend le piano.

À 6 ans, il étudie avec un vieux professeur qu'il aime beaucoup.

À 7 ans, il compose une valse polonaise, qui est publiée.

Princesses et comtesses invitent Frédéric à venir jouer du piano chez elles.

Il donne son premier grand concert peu avant ses 8 ans.

Le grand duc qui dirige le pays l'invite à jouer chez lui, car il aime sa musique.

Il dessine aussi très bien et fait de drôles de portraits de ses maîtres.

Devenu adulte, Chopin s'installe en France et ne retourne plus en Pologne.

Il rencontre l'écrivaine George Sand et vit dans son château, où il compose.

ROBERT SCHUMANN (1810-1856)

Dès 7 ans, l'Allemand Schumann compose de la musique. Adulte, il écrit des morceaux que ses enfants peuvent jouer au piano.

Enfant, Schumann adore jouer dans la librairie de son père.

Longtemps, il se demande s'il deviendra poète ou musicien.

Sa maman préfère qu'il fasse des études plus sérieuses.

Il prend pourtant des cours de piano chez le sévère professeur Wieck.

Il attache deux de ses doigts pour fortifier les autres, mais ils se paralysent.

Schumann épouse Clara Wieck, la fille de son professeur.

Schumann invente des airs que Clara, excellente pianiste, joue en concert.

Clara et Robert ont eu ensemble 8 enfants.

Après la mort de Robert, Clara continue à faire connaître sa musique.

FRANZ LISZT (1811-1886)

Le Hongrois Liszt voyage beaucoup pour donner des récitals de piano. C'est un virtuose : quand il joue, on croit entendre un orchestre.

À 6 ans, Liszt veut jouer du piano comme son père. Il apprend vite !

À 11 ans, il donne un concert en présence de Beethoven.

Il vient à Paris, en France, prendre des cours avec les meilleurs professeurs.

Liszt compose. Pour gagner sa vie, il donne des leçons de piano.

À Paris, Franz Liszt rencontre Frédéric Chopin, qu'il admire.

On raconte qu'il voyage en roulotte dans toute l'Europe pour donner des concerts.

En Hongrie, 20 000 personnes l'accueillent en tenant des flambeaux.

Liszt donne des concerts de piano. Parfois, il se fait chef d'orchestre.

Ce grand voyageur, âgé et fatigué, revient mourir auprès d'une de ses filles.

JOHANNES BRAHMS (1833-1897)

L'Allemand Brahms aime la musique et la lecture. Jeune homme, il joue des valses pour les marins, tout en lisant un livre posé sur le piano.

Le petit Johannes aime écouter les joueurs d'orgue de Barbarie dans la rue.

Il retient les airs qu'ils jouent et retrouve ensuite les notes sur sa flûte.

Son père gagne sa vie en jouant de la contrebasse dans les restaurants.

Johannes veut jouer du piano, mais cet instrument coûte trop cher.

Un professeur le trouve si doué qu'il lui donne des leçons gratuitement.

Johannes va s'entraîner chaque jour chez un fabricant de pianos.

Dès l'âge de 13 ans, Brahms joue lui-même en public ses compositions.

Plus tard, il en brûle la plupart et ne garde que ses préférées.

Depuis, de nombreux enfants se sont endormis au son d'une berceuse de Brahms !

PIOTR ILITCH TCHAÏKOVSKI (1840-1893)

Le Russe Tchaïkovski a composé de très belles mélodies.
Parfois, on peut reconnaître des airs de danses de son pays.

Tchaïkovski apprend la musique avec sa maman. Elle meurt lorsqu'il a 14 ans.

Tchaïkovski voyage en Europe et en Amérique. Sa musique est célèbre dans le monde entier.

Une des œuvres majeures de Tchaïkovski est *Le Lac des cygnes*.
Le prince Siegfried en est le héros. Il aime une personne transformée en cygne par un sorcier qui la garde prisonnière. Siegfried fera tout pour la délivrer.

CLAUDE DEBUSSY (1862-1918)

Les parents de Debussy sont très pauvres et s'occupent peu de lui. Il apprend le piano grâce à sa marraine et à une amie de la famille.

Les parents de Claude vendent de la porcelaine en France.

C'est lors d'un séjour au bord de la mer que Claude découvre le piano.

De retour chez lui, c'est sa marraine qui continue à lui enseigner la musique.

À 10 ans, il entre dans une école où il apprend à écrire la musique.

Jeune homme, il séjourne en Russie, où il rencontre de nombreux musiciens.

Puis Debussy compose des œuvres qui ont beaucoup de succès.

Debussy écrit une belle symphonie pour orchestre : *La Mer*.

Pour sa fille Chouchou, il écrit la musique de *La Boîte à joujoux*.

Même malade, Debussy continue à inventer de nouvelles musiques.

MAURICE RAVEL (1875-1937)

Ravel apprend le piano à l'âge de 6 ans. S'il y reste une demi-heure, son père lui donne dix sous. Devenu grand, il y passe des heures.

Maurice Ravel est né en France, au pays Basque.

Ravel est encore très jeune quand ses parents s'installent à Paris.

Le père de Ravel aime beaucoup la musique. Il encourage son fils.

Adolescent, Ravel propose déjà à ses professeurs des compositions étonnantes.

Passionné par les automates, il écoute avec attention le son de leurs ressorts.

Il adore les chats et en a chez lui une grande quantité.

Ravel part à la guerre. Malade, il rentre et se consacre uniquement à la musique.

Ravel a composé des pièces enfantines. Dans *Ma mère l'Oye*, on retrouve les contes du *Petit Poucet* et de *La Belle et la Bête*.

GUIDE D'ÉCOUTE

Voici quelques œuvres musicales qui permettent de découvrir le son des instruments présentés dans l'Imagerie.

Flûte à bec en bois

Les six *Concertos pour flûte*, d'Antonio Vivaldi

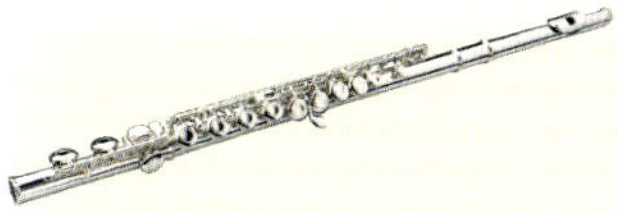

Flûte traversière

Syrinx, de Claude Debussy

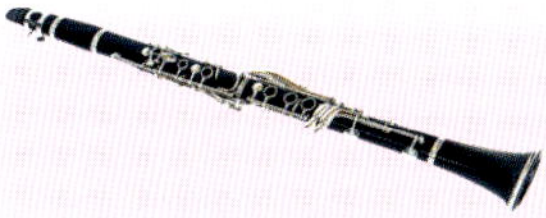

Clarinette

Sonate pour clarinette et piano en fa mineur, de Johannes Brahms

Hautbois

Pierre et le loup (le canard), de Serge Prokofiev

Trompette

Concerto brandebourgeois n° 2, de Jean-Sébastien Bach

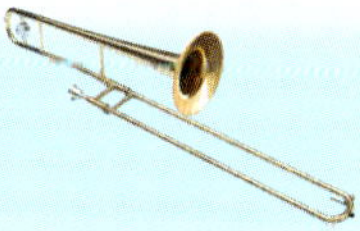

Trombone

Tableaux d'une exposition (Bydlo), de Moussorgski, orchestration de Maurice Ravel

Cor

Pierre et le loup (le loup), de Serge Prokofiev

Orgue

Arrivée de la reine de Saba, de Georg Friedrich Haendel

GUIDE D'ÉCOUTE

La sélection comporte aussi le nom de certains compositeurs célèbres dont la vie a été racontée dans les pages précédentes.

Violon

Une petite musique de nuit,
de Wolfgang Amadeus Mozart

Violoncelle

Le Carnaval des animaux (le cygne),
de Camille Saint-Saëns

Contrebasse

Le Carnaval des animaux (l'éléphant),
de Camille Saint-Saëns

Guitare

Concerto d'Aranjuez,
de Joaquin Rodrigo

Harpe

Concerto pour flûte et harpe,
de Wolfgang Amadeus Mozart

Piano

Polonaise héroïque, n° 6, opus 53,
de Frédéric Chopin
Rêve d'amour, de Franz Liszt
Jeux d'eau, de Maurice Ravel
Moment musical n° 4, D 780, de Franz Schubert

Orchestre

Symphonie n° 5, opus 67, Ier mouvement,
de Ludwig van Beethoven
Symphonie n° 101 « L'Horloge », *andante*,
de Joseph Haydn
Petrouchka, d'Igor Stravinsky
Casse-noisette, de Piotr Ilitch Tchaïkovski
Les Quatre Saisons, d'Antonio Vivaldi

PAGES INTERACTIVES

Toutes ces pages te permettent de vérifier tes connaissances. Mais en utilisant l'application gratuite sur tablette tactile ou smartphone, elles vont s'animer et tu accéderas à de nombreuses activités interactives et ludiques.

Télécharger dans l'App Store

DISPONIBLE SUR Google Play

C'est magique !

DES ESCALIERS ET DES PORTÉES

Les notes montent et descendent la portée... comme on pourrait monter et descendre un escalier dont chaque marche aurait un nom. Pour faire les exercices ci-dessous, tu peux t'aider des pages 34 à 37 du livre.

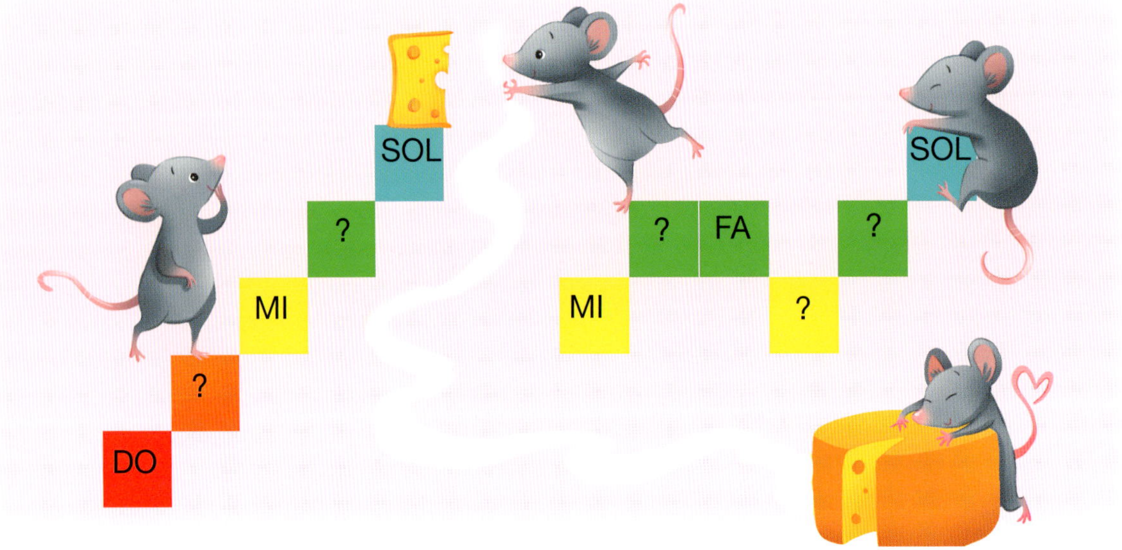

Si une marche n'a pas de nom, cherche-le en regardant la marche qui se trouve au-dessous, puis celle qui se trouve au-dessus.

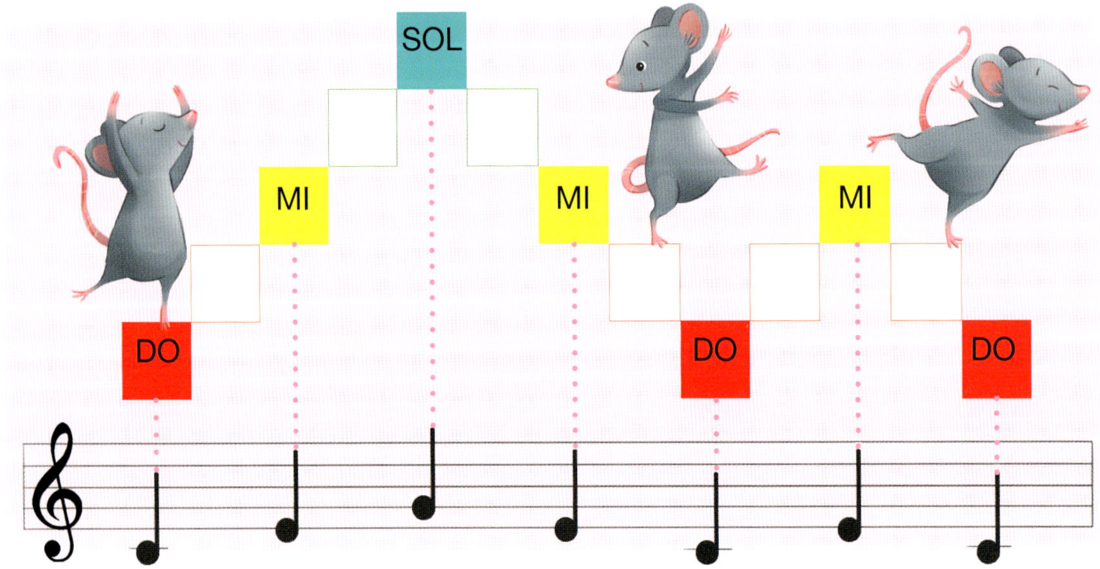

Monte une marche et, en suivant les pointillés, cherche sur la portée la note qui lui correspond. Puis cache les marches pour lire les notes.

PAGE INTERACTIVE

QUIZ SUR LA VOIX ET L'OPÉRA

1. Parmi ces chanteuses célèbres, laquelle a été une grande cantatrice (chanteuse d'opéra) ?

A. Beyoncé
B. Ella Fitzgerald
C. Maria Callas

2. Mozart est l'un des plus grands compositeurs de tous les temps. Il était très précoce. Sais-tu à quel âge il a écrit son premier opéra ?

A. 6 ans
B. 8 ans
C. 11 ans

3. Enrico Caruso (dit Le Caruso) est un chanteur d'opéra italien né en 1873 et mort en 1921. Il était ténor. Cela veut dire :

A. Qu'il chantait très fort
B. Qu'il chantait plutôt aigu
C. Qu'il chantait plutôt grave

4. À l'Opéra, les musiciens jouent en même temps que les chanteurs. Mais où se trouvent-ils ?

A. Dans la fosse
B. Sur scène, avec les chanteurs
C. Au balcon

Réponses : 1. C - 2. C - 3. B (Le ténor correspond à la voix d'homme la plus aiguë.) - 4. A.

PAGE INTERACTIVE

LE JEU DES SEPT ERREURS

Les deux images ci-dessous semblent identiques, mais 7 différences se sont glissées dans celle du bas. Trouve-les.

PAGE INTERACTIVE

ANNULEZ LE CONCERT !

Tous ces musiciens se sont blessés. Aucun d'eux ne pourra jouer pendant le concert. Peux-tu deviner quel est l'instrument de chaque musicien ?

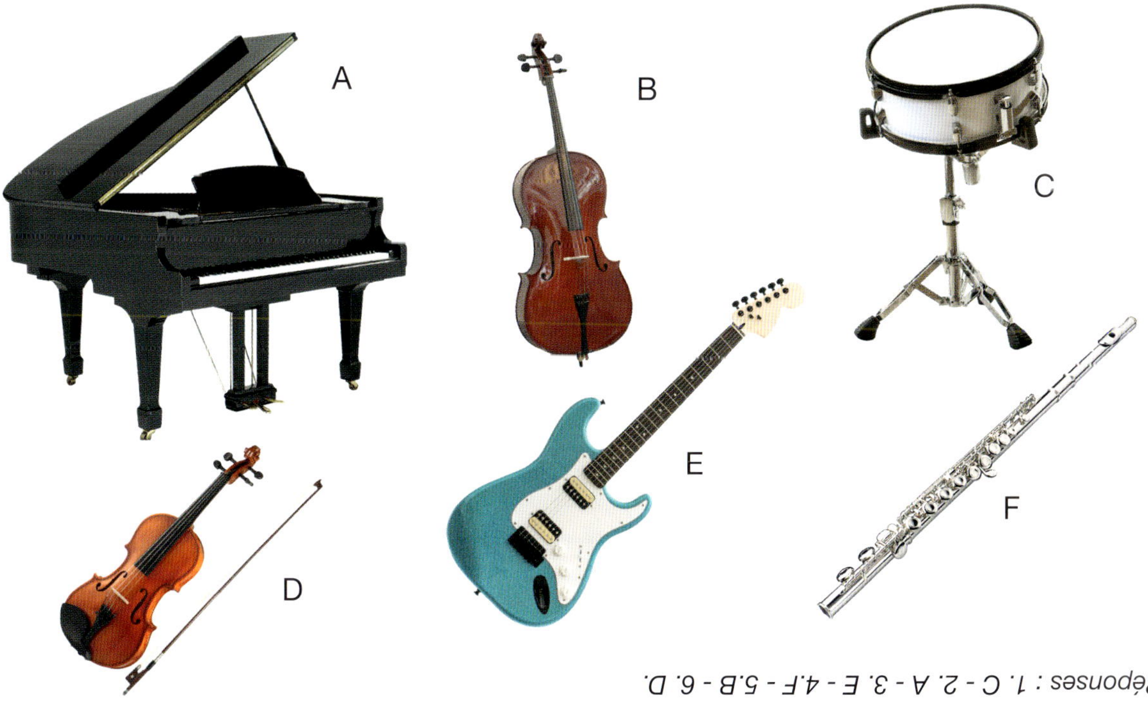

Réponses : 1. C - 2. A - 3. E - 4. F - 5. B - 6. D.

PAGE INTERACTIVE

DRÔLE D'ORCHESTRE SYMPHONIQUE

Dans la salle de concert, les spectateurs sont très surpris. Et toi, qu'en penses-tu ? Observe l'orchestre et trouve les sept anomalies.

Solutions : Le chef d'orchestre tourne le dos aux musiciens. Un musicien joue à la fois du saxophone et de la clarinette. Un violoncelle n'a pas de musicien. Un musicien passe une main dans une ouïe de sa contrebasse. Deux violons sont en couleur. La harpiste tient un archet. Le pianiste joue sur un clavier fermé.

PAGE INTERACTIVE

QUIZ SUR LE PIANO

Vérifie tes connaissances sur le piano en répondant aux questions ci-dessous.

1. Combien de touches possède généralement un piano classique ?

A. 66 **B.** 77 **C.** 88 **D.** 99

2. Quel type de piano n'existe pas ?

A. Le piano à queue
B. Le piano crapaud
C. Le piano droit
D. Le piano chat

3. De quelle(s) couleur(s) sont les touches d'un piano ?

A. blanches
B. bleues
C. roses
D. noires

4. Combien de mètres peut mesurer un piano à queue ?

A. 2 mètres
B. 3 mètres
C. 4 mètres
D. 5 mètres

5. Quel célèbre compositeur, devenu sourd à la fin de sa vie, a écrit la *Lettre à Élise* ?

A. Beethoven **B.** Mozart **C.** Chopin **D.** Bach

6. « Piano » est un mot italien qui signifie :

A. musique **B.** touche **C.** fort **D.** doucement

Réponses : 1. C - 2. D (Le piano chat. Le piano crapaud existe bel et bien : c'est un piano à queue plus court.) - 3. A et D - 4. B - 5. A - 6. D.

PAGE INTERACTIVE

LES STYLES MUSICAUX

Observe bien les illustrations ci-dessous
et retrouve quel style musical est représenté :
opéra, rock, comédie musicale, rap, batucada, jazz.

Réponses : 1. Jazz. - 2. Comédie musicale. - 3. Batucada. - 4. Opéra. - 5. Rock. - 6. Rap.

PAGE INTERACTIVE

UN ORCHESTRE AU MOYEN ÂGE

Ménestrels, jongleurs, troubadours et trouvères étaient les musiciens du Moyen Âge. Voici quelques-uns des instruments dont ils jouaient.

Sauras-tu reconnaître :

A. Le tambourin ?

B. Les cliquettes, qui ressemblent à des castagnettes ?

C. Le psaltérion : un instrument à cordes en forme de culotte ?

D. La cornemuse ?

E. La chalemie, qui se joue associée à la cornemuse ?

F. Le luth, qui ressemble à une guitare ?

G. L'orgue, avec ses longs tuyaux ?

H. Les nacaires : des sortes de tam-tams ?

I. Les trompettes ?

J. La vièle, qui se joue avec un archet ?

Réponses : A. 4 - B. 6 - C. 2 - D. 7 - E. 8 - F. 3 - G. 5 - H. 9 - I. 10 - J. 1.

PAGE INTERACTIVE

FAMILLES D'INSTRUMENTS

Nomme les instruments ci-dessous et indique s'ils appartiennent à la famille des vents, des cordes ou des percussions.

Réponses : **Vents** : 1. hautbois - 5. trompette - 6. accordéon. **Cordes** : 3. guitare - 7. piano - 9. violon. **Percussions** : 2. xylophone - 4. cymbales - 8. maracas.

Crédits photographiques

Page 24 : Partition enluminée © Fototeca/Leemage. **Page 44 :** Quena © tyto08/Fotolia ; Flûte de Pan (haut) © Ozgur Guvenc/123rf ; Flûte de Pan (bas) © Blaz Kure/Fotolia ; Siku (haut) © Leonardo/Fotolia ; Siku (bas) © michelangeloop/Fotolia. **Page 45 :** Bombarde © art_of_sun/Fotolia ; Biniou © art_of_sun/Fotolia ; Cornemuse © Slavoljub Pantelic/Shutterstock. **Page 46 :** Maracas © molotok289/Fotolia ; Castagnettes © 135pixels/Fotolia ; Tube résonnant © Elena Nichizhenova/123rf ; Clochette © simmittorok/Fotolia ; Grelots © Peter/Fotolia ; Triangle © Elena Schweitzer/Fotolia ; Cymbales © Pavlo Baishev/123rf. **Page 47 :** Tambourin © kommunaga/Fotolia ; Tambour de basque © full image/Fotolia ; Bongo © Alfi/Fotolia. **Page 48 :** Xylophone © AON/Fotolia ; Métallophone © Marcel Gro/123rf ; Marimba © Dmitry Vereschchgin/Fotolia. **Page 49 :** Timbale © borisblik/Fotolia ; Caisse claire © Boris Medvedev/123rf. **Page 50 :** nerthuz/Fotolia. **Page 51 :** ahavelaar/Fotolia. **Page 52 :** Flûte à bec © creativesunday/Fotolia ; Flûte traversière © small tom/Fotolia. **Page 54 :** Hautbois © MUE/Fotolia ; Clarinette © hit1912/Fotolia ; Saxo alto © Denis Rozhnovsky/Fotolia ; Saxo soprano ©lalito/123rf. **Page 55 :** Anche de hautbois © MariusKoiwa/Fotolia. **Page 56 :** Trompette © Thomas Soliner/Fotolia. **Page 58 :** Trombone, cor et tuba © drummatra/Fotolia. **Page 59 :** Accordéon © michelangeloop/Fotolia ; Concertina © Yuri Kevhiev/Alamy/Hemis ; Harmonica © Shelley/Fotolia. **Page 60 :** Violon et archet © YB/Fotolia. **Page 62 :** Violoncelle © Vereshchagin Dmitry/123rf ; Contrebasse © Alexander Morozov/Fotolia. **Page 63 :** Crin d'archet © Tamara Kulikova/Fotolia ; Archet de violon © Arbalest/Fotolia. **Page 64 :** Harpe de concert © Ansis Klucis/123rf ; Harpe celtique © Nerthuz/Alamy/Hemis. **Page 65 :** Guitare acoustique © Nikolai Sorokin/Fotolia ; Guitare électrique © kaycco/Fotolia. **Page 67 :** Piano droit © Vereshchagin Dmitry/123rf ; Intérieur piano © Daniel Ferryanto/Fotolia. **Page 68 :** Piano à queue © nerthuz/123rf ; Clavier numérique © scanrail/123rf ; Synthétiseur © xiller/Fotolia. **Page 70 :** Orgue © Marshall Ikonography/Alamy/Hemis. **Page 84 :** Billie Holiday © usage worldwild/DPA/Photononstop ; Ella Fitzgerald © Lebrecht/Rue des Archives ; Louis Armstrong © united archives/Leemage ; John Coltrane © Jazzsign/Lebrecht/Leemage ; Django Reinhardt © IanDagnall Computing/Alamy/Hemis ; Ray Charles © Christophe Lehenaff/Photononstop ; Duke Ellington © Rue des Archives/RDA3 ; Miles Davis © Gusman/Leemage. **Page 86 :** Elvis Presley © Ronald Grand Archive/Photononstop ; Les Beatles © David Farrell/Lebrecht/Rue des Archives. **Page 92 :** Gambang © arisara chaorakam/Shutterstock ; Bonang © Rahmat Nugroho/123rf ; Kendang © Dedi Dwiyanto/123rf. **Page 93 :** Chocalho © zeljkodan/Shutterstock ; Apito © Tamara Kulikova/Fotolia ; Agogos © Tamara Kulikova/Shutterstock. **Page 94 :** Guitarron © funkyplayer/Shutterstock. **Page 95 :** Steel drum © David Seaford/123rf. **Page 96 :** Cymbalum © habrda/123rf. **Pages 113-114 :** Reprise des instruments des pages intérieures sauf piano à queue © rtsimages/Fotolia. **Page 117 :** Mozart © UIG/Photononstop ; Le Caruso © Rue des Archives/PVDE. **Page 119 :** Reprise des instruments des pages intérieures. **Page 123 :** Instruments de musique au Moyen Âge © Deagostini/Leemage. **Page 124 :** Reprise des instruments des pages intérieures.